企业内部管理与风险控制实战

王 良 编著

中华工商联合出版社

图书在版编目（CIP）数据

企业内部管理与风险控制实战 / 王良编著. -- 北京：中华工商联合出版社，2024.1

ISBN 978-7-5158-3850-2

Ⅰ．①企… Ⅱ．①王… Ⅲ．①企业内部管理－风险管理－研究 Ⅳ．①F272.35

中国国家版本馆CIP数据核字(2024)第000454号

企业内部管理与风险控制实战

编　　著	王　良
出 品 人	刘　刚
责任编辑	吴建新
装帧设计	李　宏
责任审读	付德华
责任印制	迈致红
出版发行	中华工商联合出版社有限责任公司
印　　刷	三河市宏盛印务有限公司
版　　次	2024年3月第1版
印　　次	2024年3月第1次印刷
开　　本	710mm×1000 mm　1/16
字　　数	187千字
印　　张	14
书　　号	ISBN 978-7-5158-3850-2
定　　价	59.00元

服务热线：010-58301130-0（前台）
销售热线：010-58302977（网店部）
　　　　　010-58302166（门店部）
　　　　　010-58302837（馆配部、新媒体部）
　　　　　010-58302813（团购部）
地址邮编：北京市西城区西环广场A座
　　　　　19-20层，100044
http://www.chgslcbs.cn
投稿热线：010-58302907（总编室）
投稿邮箱：1621239583@qq.com

工商联版图书
版权所有　盗版必究

凡本社图书出现印装质量问题，请与印务部联系。
联系电话：010-58302915

前 言

随着改革开放政策的实施，我国无数的企业乘着时代的巨浪得到了高速发展，但伴随着生产技术不断迭代升级，企业之间的竞争也越来越激烈。而为了让企业在日渐激烈的市场竞争中更好地生存和发展，就要将曾经过于粗放、不拘小节的企业管理模式逐渐转换为更为精细专业的管理模式。

但更为专业的企业管理模式就需要更为专业的管理知识，比如企业架构、市场营销等多方面知识。很多企业领导者因为不知应该如何让企业更好地转换模式，最终让企业管理变得更为混乱。本书基于此种情况，从企业的内部员工管理、文化塑造以及风险控制等问题出发，以求让企业管理者能以更合理的方式、更专业的角度对企业管理进行改革和创新。

本书为读者了解企业管理这一概念提供了一个基础的框架，并在此框架内逐步搭建各类知识，以求能让大家更好地了解和吸收书中的内容。我们首先介绍了企业管理制度的基本概念，并在此基础上讲述了企业管理制度的基础框架搭建方式，以及常见问题的诊治。然后又介绍了企业文化对于一个企业运行和发展的重要性，并告诉大家应该如何构建企业独有的核心思想和价值观。随之讲述了企业员工管理和销售体系建立等知识，让读者可以更深入地了解企业内部管理需要拥有的各种体系。最后本书又全方面地介绍了企业管理中需要避免的几大风险，以及如何处理已经发生了的内部风险事件，并辅以多个真实案例，以求让大家能以已发生过的事件为警示，更及时地发现自己企业内部刚刚产生的各种问题，并将其消灭在萌芽状态，让企业避免发生此类事件。

　　本书内容充实,适合广大企业经营管理者和有志于从事企业管理工作以及想要创业的读者。企业的经营与管理是一件极为复杂的事情,希望大家能通过不断学习,成为更为优秀的管理者,带领自己的企业持续发展,走向成功。

编　者

2023年6月

目录

第一章　制订公司管理制度
公司管理制度概述……………………………………2
制订公司管理制度的基础……………………………17
公司管理制度"常见病"的诊治………………………23
建立公司管理制度的具体方法………………………31
修订公司管理制度……………………………………37

第二章　企业文化的塑造
培育企业精神…………………………………………48
企业价值观……………………………………………60
创新企业文化，创建学习型企业……………………66

第三章　人力资源管理
企业用人的基本原则…………………………………74
招聘员工需注意的事项………………………………78
慧眼识英才……………………………………………81
激励机制的秘诀………………………………………87
激励也讲究技巧………………………………………95
选拔人才和留住人才…………………………………102

第四章　营销体系管理

建立自己的营销体系……………………………………………112
塑造良好供需关系………………………………………………115
建立完善的客户网络……………………………………………118
运用心理学进行推销……………………………………………121
树立良好的公众形象……………………………………………125
善于听顾客的抱怨………………………………………………129
尝试与大公司谈生意……………………………………………132
建立长期的业务关系……………………………………………135
培养优秀的推销员………………………………………………138

第五章　内部管理失控与风险管理

战略风险管理……………………………………………………148
组织风险管理……………………………………………………156
生产风险管理……………………………………………………166
营销风险管理……………………………………………………173
人力资源风险管理………………………………………………188
技术创新风险管理………………………………………………204
财务风险管理……………………………………………………209

第一章
制订公司管理制度

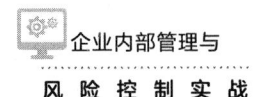

※ 公司管理制度概述

一、管理的起源及公司治理结构

管理是一切组织有序活动中必不可少的要素，它起源于人类的共同劳动。企业作为人们共同劳动创造财富的场所，管理制度是不可或缺的。管理的成败直接决定了企业本身的兴衰存亡，在企业外部环境迅速变化的今天尤其如此。在建设现代企业过程中，必须要了解什么是管理，为什么要进行管理，以及怎样才能有效地进行管理等方面的知识。

管理的出现要远早于企业，它是伴随着人类社会的发展而产生的概念，在人类社会发展的不同阶段、不同历史时期都发挥了非常重要的作用。企业是社会经济发展到一定阶段时才产生的。当自给自足的自然经济发展到一定阶段，社会生产力的发展要求突破自给自足的家庭界限，把社会成员在更大范围内有效地组织起来，以便进行更加细致的社会分工，企业在这样的情况下才得以萌芽，并随着社会生产力的发展而逐步完善。

1．现代公司制企业的特征

现代公司制企业（公司）通常具有以下几个基本特征：公司是以营利为目的的经济组织；公司是具有独立法人资格的经济组织；公司是由两个以上股东共同出资经营的经济组织；公司必须依照法律规定注册登记，受法律的制约和保护。

在以前，公司是依法成立的由两个以上主体出资并以营利为主要目的的法人组织。不过，随着社会经济及公司制本身的发展，公司的适用范围也在扩展，现在很多国家都允许建立独资公司。有的国家还明文规定，国家为唯一股东的企业，可以设立有限责任公司。我国于2005年颁

第一章
制订公司管理制度

布的《中华人民共和国公司法》(以下简称《公司法》),采用了这种广义的公司范畴,对于有限责任公司除了一般规定由两个以上五十个以下股东共同出资设立之外,还规定了"国家授权投资的机构或者国家授权投资的部门可以单独投资设立国有独资的有限责任公司"。

2．公司制企业的主要类型

在西方发达国家,公司制企业有两种分类方法,一种是按"大陆法系"划分为无限公司、两合公司及有限公司,其中有限公司又分为有限责任公司和股份有限公司;另一种是按"英美法系"划分为有限责任公司和股份有限公司。我国在《公司法》中规定了有限责任公司和股份有限公司两种类型。

(1) **有限责任公司和股份有限公司的相同点**

①股东以所认购的股份对公司承担有限责任,公司以其全部资产对其债务承担责任。

②股东权益的大小取决于股东对公司投资的多少。投资多的享受的权利就大,承担的义务也大;投资少的享受的权利就小,承担的义务也小。

(2) **有限责任公司和股份有限公司的不同点**

①两种公司在成立条件和募集资金方面有所不同。有限责任公司的成立条件比较宽松一点,股份有限公司的成立条件比较严格;有限责任公司只能由发起人集资,不能向社会公开募集资金,股份有限公司可以向社会公开募集资金;有限责任公司的股东人数,有最高和最低的要求,股份有限公司的股东人数,只有最低要求,没有最高要求。

②两种公司的股份转让难易程度不同。在有限责任公司中,对股东转让自己的出资有严格的要求,受到的限制较多,比较困难;在股份有限公司中,股东转让自己的股份比较自由,不像有限责任公司那样困难。

③两种公司的股权证明形式不同。在有限责任公司中,股东的股权

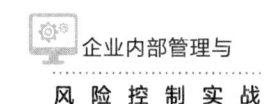

证明是出资证明书，出资证明书不能转让、流通；在股份有限公司中，股东的股权证明是股票，即股东所持有的股份是以股票的形式来体现，股票是公司签发的证明股东所持股份的凭证，股票可以转让、流通。

④两种公司的股东会、董事会权限大小和两权分离程度不同。在有限责任公司中，由于股东人数有上限，人数相对来说比较少，召开股东会等也比较方便，因此股东会的权限较大，董事经常是由股东自己兼任的，在所有权和经营权的分离上，程度较低；在股份有限公司中，由于股东人数没有上限，人数较多且分散，召开股东会比较困难，股东会的议事程序也比较复杂，所以股东会的权限有所限制，董事会的权限较大，在所有权和经营权的分离上，程度也比较高。

⑤两种公司的财务状况的公开程度不同。在有限责任公司中，由于公司的人数有限，财务会计报表可以不经过注册会计师的审计，也可以不公告，只要按照规定期限送交各股东就行了；在股份有限公司中，由于股东人数众多很难分类，所以会计报表必须要经过注册会计师的审计并出具报告，还要存档以便股东查阅，其中以募集设立方式成立的股份有限公司，还必须要公告其财务会计报告。

3．公司治理结构

公司制作为现代企业制度的代表，其中一个重要方面表现在它的治理结构上。公司治理结构又称法人治理结构。治理结构一词同时含有统治和管理的双重含义，比较准确地表达了公司的组织结构和制约关系，可以将其理解为公司的组织制度和管理制度，其中包括公司的机构设置和这些机构的运作规则两个方面。

（1）公司治理结构的特征

随着市场经济不断地完善发展，公司制已经形成了一套完整、科学的治理结构，其最明显的特征是：所有者、经营者、生产者之间，通过公司的权力机构、决策和管理机构、监督机构，形成各自独立、权责分

第一章
制订公司管理制度

明、相互制约的关系。这些关系以法律和公司章程加以确立和保证。因而，能否处理好所有者、经营者和生产者之间的关系，是所有公司制企业面临的首要问题。

公司治理结构是在企业内部建立起约束机制和激励机制，而不是在企业外部，这样既可以保障所有者的权益，同时又赋予了经营者以充分的经营自主权，能够调动起生产者的积极性。充分协调三者的利益关系，做到所有者放心、经营者专心、生产者用心。

（2）公司治理结构的内容

公司的组织结构表现为：股东大会、董事会、监事会和以总经理为首的行政系统，这一科学合理的组织结构使公司具有良好的自我约束机制。分析它的组成和职责，可以具体而深入地认识公司的治理结构。

①股东大会。股东大会是公司的最高权力机构，是资产所有者的代表，以维护股东权益为宗旨，保持着对公司的最终控制权。股东大会由出资人或其代表的股东组成，它从资产关系上对公司的董事会形成必要的制约，不过股东大会无权干预公司的经营活动。股东大会的职权可以概括为四个方面：人事权，如选举和更换公司的董事和监事，并且决定他们的报酬；重大事项决策权，如批准和修改公司章程，批准公司的财务预、决算方案，决定公司的经营方针和投资计划等；收益分配权，如批准公司的利润分配方案和亏损弥补方案，以实现股东按投资比例取得相应收益的权利；股东财产处置权，如公司增加或减少注册资本，公司的合并、分立、解散或破产清算等涉及股东财产的重大变动，须由股东大会作出决议。

②董事会。董事会是公司的经营决策机构。董事会对外代表公司，由公司董事组成。董事会设董事长一人，副董事长若干人。董事长一般为公司的法定代表人。《公司法》规定，有限责任公司的董事会由3～13人组成，其中国有独资公司的董事会由3～9人组成。股份有限公司的董事会由5～19人组成。董事人选通常由股东推荐，经股东大会选举产生。

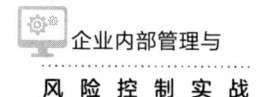

《公司法》还特别规定了"两个以上的国有企业或者两个以上其他国有投资主体投资设立的有限责任公司,其董事会成员中应当有公司职工代表"。另外,依照《公司法》,不同类型公司的董事长、副董事长产生的办法不太相同:国有独资公司的董事长、副董事长由国家授权投资的机构或者国家授权的部门从董事会成员中指定;有限责任公司的董事长、副董事长的产生办法由公司章程规定;股份有限公司的董事长、副董事长由超过半数的董事选举产生。

董事会对股东大会负责,执行股东大会的决议。董事会的主要职权是对公司的经营作出决策:决定公司内部管理机构的设置和基本管理制度;决定公司的经营计划和投资方案;制订公司财务预决算方案、利润分配和亏损弥补方案,公司增减资本和发行公司债券的方案等;负责任免公司经理、副经理、财务负责人,并决定其报酬。董事会实行集体决策,采取每人一票的原则,当出现意见不同的两方票数相等的情况时,有的国家规定董事长可以投两票和简单多数通过的原则。我国《公司法》规定,董事会的决议须由全体董事过半数通过。每个董事会成员对其投票要签字在案并且承担责任。董事会的决议违反法律、行政法规或者公司章程,致使公司遭受严重损失的,参与决策的董事对公司负赔偿责任。但经证明在表决时曾表明异议并记载于会议记录的,该董事可以免除责任。

③总经理。公司总经理负责公司的日常经营管理,主持公司的生产经营管理工作。公司总经理由董事会聘任或者解聘,对董事会负责,是董事会决议的执行人,也是公司日常经营管理的负责人,采取一元化领导,力求工作高效率。公司总经理的职责主要是:组织实施董事会的决议;拟订公司内部的机构设置方案和管理制度及规章;组织实施公司年度经营计划和投资方案;提请董事会聘任或解聘公司副总经理和财务负责人,直接聘任或解聘公司其他负责管理人员等。公司总经理可以从外部聘用,也可以经公司董事会决定由董事会成员兼任。

第一章
制订公司管理制度

④监事会。监事会是公司的监督机构。监事会成员一般不得少于3人，具体人数可由公司章程规定。监事会由股东代表和一定比例的职工代表组成。职工代表由工会或职工民主选举产生。监事会的主要职责是对公司董事、经理执行公司职务时的行为进行监督，防止他们滥用职权，违反法律、法规或者公司章程。如发现其行为有损公司利益，则有权要求其予以纠正。必要时可向股东报告，提议召开临时股东大会，采取措施加以解决。监事会检查公司的财务，可要求公司董事、总经理和财务负责人提供所需的材料。为保证监督的独立性、有效性、客观性，公司的董事、经理及财务负责人一律不得兼任监事。

上述四个方面构成了公司治理结构的主要内容。其中包括了一种纵向的财产负责关系，如股东大会对董事会是委托代理关系；董事会对总经理是授权经营关系；监事会代表股东大会对财产的受托人即董事和总经理是监督关系。还包括了一种横向的职权关系，股东大会、董事会、监事会、总经理有各自不同的职权范围。这些职权是具体和明确的，谁都不能越权行事，同时行使职权的时间周期也不一样。通常股东大会一年召开一次，董事会每几个月召开一次，总经理每周或者随时召开会议。整个公司内部的约束机制就建立在这种纵向的财产负责关系与横向的职权限定关系之上，使股东大会、董事会、监事会和总经理彼此间相互制约，并将不同方面的利益关系统一在一个完整的利益机制下，这就使公司治理结构具有科学的内涵。

二、公司管理制度概论

现代企业要求建立和运用合理的管理制度来指导和规范企业的管理工作，只有建立起科学的现代企业管理，才能有效地促进企业不断增强生产和销售能力进步，提高经济效益，增强企业在市场中的竞争能力，进一步扩大市场占有率。

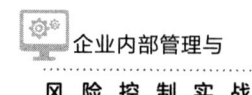

那什么才是公司管理制度呢？它与人们津津乐道的现代企业制度是不是一回事？制度尤其是管理制度在公司经营管理中究竟充当着什么样的角色呢？

1. 公司管理制度

公司的经营理念是无形的、思想形态的体系，它只能从公司经营管理的实践活动和具体操作上体现出来。否则，就只能沦为一种抽象的意识和空泛的议论。而要把理念付诸实践，就要求有一套规范的、操作性强的制度体系。观念只有转变为制度，转变为上自公司董事长、总经理，下至中层、基层管理人员乃至普通员工，都能够清晰而切实地感知和遵守的规定与约定，才能指导、约束、规范现代企业中群体与个人的行为，使他们达到经营的基本要求，实现公司既定的经营目标；才能使公司摆脱随意性、短期性的经营行为，为经营事业的持久发展提供制度性保障。

公司管理制度可以看做是在约束和调整企业经营管理活动中，各种特定经营管理行为方式的行为准则。这种准则可以是公司在管理实践过程中逐步形成并为员工一致认可的约定俗成的习惯，也可以是把这种约定俗成付诸文字而形成的规章、条例之类。

因此，公司管理制度可以看做是按照现代化生产经营管理的客观要求，对企业生产、技术、经济等活动所制订的文字性章程、条例、规则、程序和办法的总称。它是公司全体职工必须共同遵守的行为规范。

建立一套科学的管理制度，能够使公司管理人员有效地指挥和组织生产，使公司各个职能部门分工明确，职责清楚，相互协作，提高工作效率，实现公司管理目标。

公司管理制度有许多种类，不同类型和不同规模的公司理制度可能各有不同。

第一章
制订公司管理制度

2．公司管理制度的类型

为了便于了解和掌握，我们把公司管理制度划分为以下三个层次。

（1）基本制度

基本制度是其他制度的基础。其中最重要的包括公司领导体制，它是指公司的领导体系和制度，它确定了公司内部领导权力的划分归属和使用，界定了所有者与经营者在公司中的权利、地位和相互关系。

不同的公司财产组织形式会产生相应的公司组织形式和领导机制，现代经营和科技的分化整合以及经营环境变化加剧也会使公司领导体制变得更为复杂。现阶段的公司领导体制主要可分为两种类型：厂长经理负责制和董事会领导下的经理负责制。除此之外，还有职工代表大会领导下的经理负责制等其他形式。

厂长经理负责制是由厂长经理对企业的生产指挥和经营管理工作统一领导、统一指挥、全权负责的一种领导制度。厂长经理对外是法人代表，对内是企业行政业务方面的最高负责人，对经营管理及重大事项拥有广泛的决策权力。厂长经理负责制的最大优点是决策迅速而且责任明确，避免了互相推诿、无人负责的现象，但厂长经理负责制也可能导致决策独断专行，损害所有者的利益。

董事会领导下的经理负责制是由董事会统一领导，集体决策，由经理负责执行和进行日常行政管理的一种企业领导制度。董事会由公司最高权力机构——股东大会（或股东代表大会）选举产生，并向股东大会负责。它是公司最高的经营和决策机构。董事会聘任公司经理对公司的业务活动效率和结果负全面责任，经理向董事会负责。董事会和经理之外的监事会行使监督权。这种董事会领导下的经理负责制健全了公司的决策和执行及监督机构，既发挥了集体的智慧、能力，又保证了职权明确，责任清楚，还能体现各方面的利益。但是这一体制也有它的缺点，

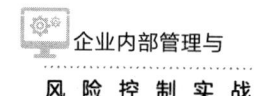

可能造成决策效率低，决策与执行不一致，责任分裂以及名义上集体决策而实际上少数人专制等问题。

所以，建立公司领导体制须注意以下三个方面。首先，集中统一的领导权，保持步调一致，配合紧密；其次，建立严格的责任制，能够事事有人管，人人有责任；再次，公司领导层应该由在经营管理上有专长，精通经营管理之道的专家、内行组成，能够对市场信息作出灵敏反应，果断决策，并迅速行动。

（2）经济责任制度

经济责任制度是指对公司内部各级组织、各个部门和各类人员的工作范围、责任及拥有的权力作出规定，向所有者承担责任。

经济责任制包括经济责任、经济权力和经济利益。经济责任是公司在从事经济活动过程中承担的责任；经济权力是企业从事经济活动中应有的职权范围，是承担经济责任的条件；经济利益即物质利益，是人们在从事经济活动中所得到的经济收入或实惠。经济责任有两种表现形式：经营者对所有者承担的经营责任；具体岗位上的劳动者对经营者所承担的岗位责任。实行经济责任制，必须明确公司所承担的责任并把承担的责任具体分析落实到公司内部各个部门、各个环节以至每个职工，然后以责定权，以责定利，做到责任明确，权力适度，利益直接，做到责、权、利的有机结合。

责任制能够明确各环节、各人员的责任、职权范围以及工作的数量与质量标准，能够为客观评价各类人员的劳动和工作成果提供重要的依据，通过对每个人的工作进行准确严格的考核来确定相应的利益、报酬。

（3）内部管理工作制度

内部管理工作制度是按公司管理工作客观规律的要求，为各项管理工作的范围、内容、程序、方法等所作的规定，是各种具体管理工作制度的统称，包括经营战略规划管理工作制度、财务管理制度、人力资源管理制度和生产管理制度等。

三、公司管理制度体系

公司的经营必须积极地适应外部环境变化与要求，依据公司经营的目的和经营观念，适时地制订和调整公司目标和战略，进而建立起适应战略要求的组织结构和管理结构，并通过各职能领域的活动展开和落实公司战略，从而实现公司目标和使命的系统活动。

1．公司经营的目的、观念系统

公司经营的目的、观念系统是决定公司一切经营活动的最高行为规范，同时也是一种制度，是公司管理制度的最高层次。

2．公司目标与战略系统

作为一种经营管理制度，它涉及制订、决定及组织实施战略方案计划等方面。战略所要发现和解决的问题是不确定的、例外性的、非程序性的。战略问题十分复杂，涉及多方面的知识、信息和资源，需要众多人员的参与和努力。但作为一种管理活动，战略有其特定的职能内容、过程、步骤和方法，这方面是有规律可循的。

战略决策和计划的有效性对公司而言命运攸关。这需要根据战略活动的内在规律，建立一系列有关战略管理活动的规范，明确公司战略职能的活动内容、原则、基本过程、步骤与方法以及有关部门、人员的职责分工与合作关系等，即战略管理制度。这样才能够有效地运用各方面的知识经验、信息和资源，协调并集中参与战略职能活动的众多部门和人员的力量，提高战略管理的效率，制订出有创造性的、积极适应环境变化的战略。当然，有时公司也许并没有对战略管理活动作出明确的文字规定，但实践中形成为员工共同认可和遵循的惯例，也是公司目标与战略系统制度的另一种存在形式。

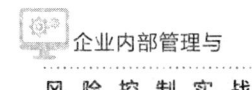

制订战略的过程是发现问题并解决问题的过程，它由以下三个主要的阶段构成：

①辨别阶段。主要是弄清战略行动的必要性，对战略行动所针对的形势进行调整分析。

②制订阶段。管理者要寻找和设计各种可供选择的方案以便进行深入分析。

③选择阶段。包括筛选、评价、选择和批准。主要是通过分析、比较、判断来确定方案并由高层管理者和董事会对方案加以认可。

在对外部环境和公司自身内部作出评价后，公司管理者可以决定是维持还是调整甚至改变公司的使命和经营方向，确定出公司的战略目标。制订公司战略主要遵循以下步骤。

分析评价公司外部环境的机会与威胁、限制与有利条件，鉴别各种利益相关集团及其愿望，预测未来的发展方向和速度；分析评价公司的资源和实力、相对优势和特有能力及弱点，对营销、生产作业、财务、管理和技术能力等方面作出评价，确定公司目标与使命；将环境中的社会、竞争、未来发展方面的机会与威胁同公司自身的相对优势与劣势联系进来进行分析比较，以形成多种战略方案；实施战略，其中包括组织设计，组织内各部门、各层次战略的制订，建立起相应的领导与激励体系，制订控制标准等；最后是形成评价与控制系统，对战略实施情况进行审查与评价。

一个好的公司战略大致应符合以下标准：

①目标清晰明确。这样在战略实施期间能够保证战术选择上的连续性、内聚性。

②保持主动性。战略不能仅仅是对外部环境作出被动反应，战略应有创造力，在经营领域内起领导作用。

③灵活性。战略的制订应能使企业的计划具有一定的机动性和储备能力，并且在进行产品或市场调整时尽量降低转换成本，这就要求战略

应该保证资源分配的灵活性。

④协调性。使得公司的高级管理层能通过战略的制订与实施，协调公司的各种目标与行为，使公司获得最大效益。

⑤集中性。公司战略能够将资源集中运用于能发挥自身优势的时机和地点，形成局部的优势力量。

⑥安全性。有效的公司战略应能够保证公司的资产在安全的条件下运营。

3．公司组织系统

公司内部管理中的组织行为规范，即公司内部的组织管理制度，构成了公司的组织系统。如果缺乏公司战略所要求的有效组织结构，公司的任何战略目标都将无法有效实施，从而导致公司在市场上表现平庸甚至失败，所以公司战略必须通过有效的组织机构来贯彻实施。公司因适应外界变化而制订的战略以及对战略的调整，都意味着公司的任务和政策发生变动，为了完成任务、实施政策，公司各项职能活动的内容、性质，及其在战略实施中的地位以及相互之间的关系也会随之发生变化。因此，公司必须根据战略的要求对原有的组织结构进行调整，重新进行职能的划分与有机组合，重新设定组织的职责权限系统，建立新的沟通渠道，明确组织内各部门、各层次间的相互关系以及协调方式等。

4．公司的经营业务职能系统

公司各种具体的业务活动是实现公司经营目标与战略的最终手段。公司经营职能活动的内容极为繁杂，在不同的战略下，经营的工作任务和职能活动的具体内容也会大不相同。以战略目标为基础，以产出为中心，将公司的职能进行综合分类，可以概括出下面这几大基本内容：市场营销、生产制造、研发、决策、人事、财务、信息管理等。这些职能领域包含了公司主要的经营业务职能。公司管理层通过对各项职能领域

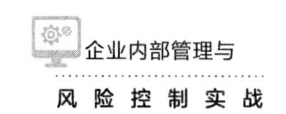

活动的计划、组织、指挥、协调与控制，将它们有机结合起来，从而把握日常经营的全局，保证战略的有效实施和经营目标的实现。

四、公司日常经营管理制度

日常经营管理制度是公司经营管理制度的主要内容，也是公司管理制度的外延与内涵。公司各职能领域的计划、组织、指挥、协调、控制等管理活动，同样都有其特定的内容、原则、程序和方法。将这些职能领域的管理行为规范化，就形成日常经营管理制度，这些制度代表着全部职能管理工作的观念、政策、内容、方法和操作程序。

1．营销管理制度

随着市场经济的发展，公司的市场经营观念从生产导向转变为市场或顾客导向。公司的销售管理也从以公司为中心的推销发展到以市场为中心的市场营销，即包括市场调查、预测、产品决策、销售、定价、广告、服务等一系列活动。公司需综合各部门的力量，整体地运用各种策略，才能最终达到公司的目的。这就使得销售管理在现代公司管理中占有了极其重要的地位。

2．生产管理制度

生产是将原材料变为产品的过程，现代生产不仅包括有形的劳动过程还包括设计、计划、行销等无形劳动。生产管理是对公司的经营活动进行计划、组织和有效控制。现代的生产管理制度必须适应规模、效率高以及产品向高精尖、多功能、智能化方向发展的方向。

3．财务管理制度

财务管理是公司依据生产经营过程中资金运动的规律，通过计划、

第一章
制订公司管理制度

组织、指挥、协调与监督，对公司的资金、销售收入和利润进行管理。财务管理应贯彻执行国家有关的财务、会计、税务的法律规定。财务管理必须遵循计划管理原则、经济核算原则、统一管理与归口分级管理原则和物质利益原则等。

财务管理的任务：保证生产经营活动合理的资金需求，提高资金利用率；降低成本，提高公司赢利水平；分配公司纯收入，正确处理国家、企业、职工三者之间的关系；实行财务监督，维护财务法纪。

4．信息管理制度

市场经济强调信息的重要作用。宏观、微观决策，资源配置，生产经营都离不开信息。在日益激烈的市场竞争中，公司需要了解大量的信息。因此，公司必须努力开发信息资源，强化采用现代化技术，大力发展公司信息网络系统，并且注意同信息服务业的合作，扩大公司内外的信息利用率和共享水平。

除此以外，日常经营管理还包括研究决策、人力资源等诸多方面。

五、公司管理制度在公司经营中的作用

公司管理制度作为公司职工普遍遵循的规范和准则，是现代工业生产发展的客观要求。只有建立一套科学的管理制度，公司领导才能有效地指挥、组织生产，加强各部门的配合，调动员工的积极性，提高公司经营管理水平，提高劳动生产率，才能使企业的经营活动获得更好的收益。

1．制订并实行有效的公司管理制度是公司实现管理科学化的有效途径

作为公司管理各项水平的综合体现，公司管理制度是衡量现代公司

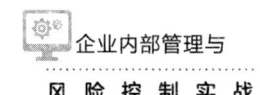

管理科学化的一个重要标志。科学的现代公司管理是企业生产、管理得以顺利进行的制度保证,必须依据现代企业管理的一般理论、原则,结合我国和企业的具体情况,制订一套行之有效的企业管理制度,并在所制订的管理制度的基础上,组织和健全公司的管理机构和部门。

2．公司管理制度是保证公司生产经营活动有序进行的必要条件

为了适应现代化的社会大生产分工协作极为密切等极其复杂的状况,公司应做好以下方面的工作:供产销的紧密衔接,人财物的合理分配,各种信息的及时传递反馈以及人与人之间按照程序各负其责、分工协作。公司应根据现实状况,建立起严格的配套的规章制度,对公司内部各组织、各部门和所有岗位的职责范围、工作程序和工作标准以及协调要求作出明确的规定。做到"事事有人管,人人有专责,办事有程序,工作有标准",从而保证公司生产经营活动有条不紊地进行。

3．公司管理制度作为全体员工的行为规范与准则,是实现依法治企的保障

制度本身具有权威性、严肃性和强制性的特点。公司的各项管理制度为员工、管理人员的行为提供了一套规范。这对于加强员工在公司生产经营中的组织性和纪律性,具有深远意义。

4．公司管理制度是调动职工工作积极性的一项重要措施

管理制度是人们对生产经营实践的总结,具有科学性。它要求科学管理与员工利益相一致,要求推行经济责任制,把公司经营者对其所有者应承担的责任,公司内部各组织、各部门直到每个岗位和每个人的责任、权利落实下来,把劳动成果与报酬相联系,从而调动员工的积极性、创造性,提高员工的责任感。

第一章
制订公司管理制度

5．科学的管理制度能够加强公司的竞争优势

科学的管理制度可以降低公司内部交易费用，增强公司凝聚力，提高公司经济效益，使各部门、各成员之间协作更为顺畅。

6．公司管理制度是公司成功的一个重要因素

促使公司成功的因素基本上可以分为两大类：一类是公司成功的基础因素，如制度、组织、人才、资本、技术、信息等；另一类是公司成功的主导因素，如产品、管理、竞争、营销、公司文化等。由此可见，公司的成功离不开管理制度的正确运用，公司管理制度是否得当是公司能否成功的一个至关重要的因素。

※ 制订公司管理制度的基础

一、公司管理制度的基本特征

公司管理制度是公司管理理论和公司管理实践经验相结合的产物，它随现代企业生产经营而出现，现代公司管理制度是对传统管理制度的继承和发展。与传统公司管理制度相比，现代公司管理制度有以下特点：

1．生产国际化产品，占领国际市场，已经纳入公司的经营战略

由于科学技术的发展，尤其是现代交通、通信等方面的进步，使世界各国的距离日益缩短，以往地域、时间等概念已发生了巨大的变化。全球的经济生活开始打破国家与地区的界限，一个世界性大市场

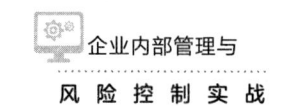

正在形成,一个国家的国内市场逐步变成这个全球大市场的组成部分。在这种情况下,任何一个公司都要为国际化的需求而进行生产。每一个公司的命运都与国际市场密切相关。规模较大的公司不得不把生产国际化产品、占领国际市场当做公司管理的一项重要制度固定下来。许多公司在各国都拥有庞大的销售网,有的甚至在国外拥有完善的售后服务系统。为了使产品能适应国际市场的需要,越来越多的公司设立了强有力的全球性的产品研究、开发和销售机构,以增强公司的国际竞争力。

2．职工的培训与考核成为公司生存与发展的基础

公司竞争在本质上是技术力量与管理水平的竞争,优胜劣汰,这已经是管理界的共识。世界科技进步日新月异,公司要不断追赶、超越先进技术,开发智力资源是任何一个公司都必须予以重视的任务,所以加强对职工的培训、考核,对于提高公司的技术力量与管理水平起着决定性作用。

有的公司明确地把培养下级的成果作为管理者能力及工作绩效的一项重要考核指标。西方发达国家几乎所有的公司都对上自总经理、董事、部门经理、总监,下至基层班组长、工长和工人进行全员培训,同时规定了相应的学习内容及要求,并已经形成了一套制度化的培训和考核办法。不少公司不仅重视本公司员工的教育培训,还积极为合作伙伴和用户提供培训机会,以达到更有效地推销自己产品的目的。

3．公司的技术改造、新产品的开发被放在公司管理的中心位置

随着科技进步,新产品不断涌现,消费者对产品功能的要求也越来越高,公司之间的竞争十分激烈。能否行之有效地对企业进行技术改造,不断开发新产品,就成了公司在竞争中能否获得领先优势的重要因素。

第一章
制订公司管理制度

为了加快企业的技术改造和新产品开发,公司一般都设有研究开发部门。在有些公司中,这些科研机构中的工作人员占了公司全部工作人员的较大比重。在一个现代大型公司中,基础研究、应用研究和新产品的开发研究通常各有分工,同时又紧密配合。

由于技术改造和开发新产品投入大、时间长、风险大,公司都对其下属科研机构的研究工作规定了严格的程序,以确保研究开发成功。

4．推进民主管理,调动员工积极性

公司管理制度大多明确规定了员工在公司管理中应发挥的作用,让员工参与管理,鼓励员工对公司的各项工作提出意见与建议,还对提出好的管理建议者进行奖励。有的公司还扩大基层工作者的工作自主性,将工作的组织、质量的检验、工作速度的控制都交给员工去把握,从而极大地调动了员工在公司管理中的主动性、积极性和创造性,同时也有利于增强员工的责任感。公司一般都有员工自己的组织,代表员工的利益同企业领导者进行协商,对员工的劳动时间、福利待遇、安全、培训、招聘、解聘提出要求、意见和建议。

5．在组织机构和管理体制上将分散与集中相结合,越来越讲求实效

公司需要灵敏迅速地适应市场需求,这是随着现代公司规模的扩大和生产社会化程度的提高而出现的必然要求,而传统的集权式管理无法保证这一点。于是,现代公司基本实行了集中与分散相结合的管理模式,通常只将必要的协调、监控权力和关乎企业生死存亡的核心权力集中在总部,一般的权力尽量下放,这使得现代公司的组织机构的设置和管理体制更加表现出灵活性与稳定性的统一。

6．系统论、信息论的原则在公司管理的各个方面得到贯彻

在公司里,各组织机构讲求互通信息,纵横配合与协调。上下级之

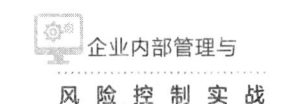

间已不再是单纯的指挥与被指挥的关系,下级的自主权在逐步增大,下级有责任向上级反映情况,上级也有义务听取下级意见。

随着信息化社会的到来,信息在公司中的地位越来越重要。准确地获取信息,及时掌握国际市场动态和科技动态,适时地调整公司发展战略、生产销售计划等对现代公司的发展有着至关重要的作用。

7．重视公司文化的建设

现代管理者非常重视公司文化的建设。公司文化是公司经营思想、公司精神、道德规范等方面内容的综合体。良好的公司文化能够赋予公司旺盛的生命力,在社会上树立良好的公司形象。使社会大众对其公司产生良好的印象,从而促进公司持续快速地发展。其实任何公司都存在着文化现象,但这并不意味着每个公司都有自己成熟的公司文化。日本的公司在20世纪七八十年代迅速崛起,其公司文化建设发挥了非常重要的作用。

公司管理制度是公司管理成功的重要因素之一,管理与管理制度,共同构成了公司管理的整体。

二、公司管理制度不同于公司制度

不少人会将公司管理制度与公司制度混为一谈,人们通常对公司制度这一提法比较熟悉。在此,我们先对这两个概念作一下区分。

从含义上来说,公司制度是指以产权制度为基础和核心的公司组织和管理制度,它包含着下列几个方面的含义:

从社会资源配置上看,公司制度是相对于市场制度和政府宏观管理制度而言的。市场制度是在市场处于完全竞争状态下,根据供求关系,以非人为决定的价格作为信号来配置资源的组织形式。政府宏观管理制度是国家直接采用部门管理,用行政命令的方式,通过高度集中的计划

第一章
制订公司管理制度

来调配资源的组织形式。公司制度则是介于市场制度与政府宏观管理制度中间的一个层次。

从公司的产生来看,公司作为从事生产活动的基本经济组织形式,从一开始就以一种基本制度即企业制度被确立下来了。

公司制度从本质上讲,是指产权明晰、权责明确、政企分开的科学管理体系。而公司管理制度是按照生产经营管理的客观要求,用文字形式针对公司生产、技术、经济等活动所制订的章程、条例、规则、程序、方法的总称,是公司全体职工所共同遵守的行为规范和准则。

从内容上来讲,公司制度包括以下三个方面的基本内容:公司产权制度(即公司法人产权制度)、公司组织制度、公司管理制度。

1．公司产权制度

这是现代公司制度的首要内容。作为市场经济基本主体的公司,必须具有明确的所有权主体和界区,这是公司进入市场的前提。随着经济发展,公司既要明确所有权主体和界区,又要适应社会化大生产的要求,不断扩大规模。在这种情况下,公司的所有权与经营权逐步分离,原始所有权蜕变为股权,公司法人获得公司财产的法人所有权,进行经营活动。现代公司产权制度使现代企业产权明晰,公司能够以真正的市场主体的身份进入市场参与各种交易。

2．公司组织制度

公司制度第二位的重要内容是采用什么样的组织形式来组织公司。在公司组织制度中,所有者、经营者与生产者之间,通过决策机构、执行机构、监督机构形成了各自独立、权责明确、相互制衡的关系,并以法律和公司章程的形式加以确立和实现。公司的决策权、执行权、监督权三权分立,形成了股东大会、董事会、监事会并存的组织机构框架。

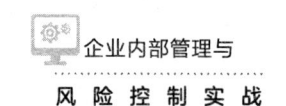

股东大会及其选举出的董事会是公司的决策机构，股东大会作为公司的最高权力机构，在其闭会期间由董事会代为行使职权。

经理人员是董事会领导下的公司管理与执行机构。

监事会由股东大会选举产生，对董事会及经理人员的活动进行监督。

这种公司组织制度是公司制度不可缺少的内容之一，它既赋予经营者充分的自主权，又切实保障所有者的权益，同时又能调动生产者的积极性。

3．公司管理制度

在市场经济条件下，要求公司围绕其战略目标，按照系统观念和整体优化的要求，在管理人才、管理思想、管理组织、管理方法和管理手段等方面吸收最前沿的理论，并把这几个方面的内容同各项管理职能，如计划、组织、指挥、协调、控制等有机地结合在一起，从而形成完整的现代化公司管理体系。只有建立现代公司制度，积极应用现代科技成果，包括现代经营管理的思想理论与技术，进行有效的管理，才能创造最佳经济效益。

公司产权制度是公司制度的基础；公司组织制度为公司高效稳定发展提供了组织保障；公司管理制度则有利于公司开发生产力，促进公司各项资源得到最有效的使用。这样，公司产权制度、公司组织制度和公司管理制度三者相辅相成，共同构成了公司制度。

需要强调的是，我们所说的企业管理制度主要是围绕管理的科学性来展开的。实际上，管理活动又是动态的，因此无法保证每一项活动都可以建立起相应的可以严格照章办事的规章制度。那么管理制度究竟能否发挥作用，又是如何发挥作用的呢？一方面，管理制度本身不是静止的，而要随着现实情况的变化而不断调整、完善。另一方面，管理活动基本可以分为两大类：程序性活动与非程序性活动。程序性活动是指有章可循，照章运作便可取得预想效果的管理活动；非程序性活动是指无

第一章
制订公司管理制度

章可循、需要边运作边探讨的管理活动。两者之间可以转化。现实的程序性活动就是由以前的非程序性活动转化而来的。这种转化过程就是人们对此类活动与管理对象的规律性的总结，也就是相关管理制度的制订过程。总之，公司管理制度的建立健全已经成为公司成功的一个至关重要的因素。

※ 公司管理制度"常见病"的诊治

管理制度追求的是以合理的方式，以高效率来实现公司的战略目标。我们可以用人的神经系统来比喻公司管理制度。公司经营活动就像是一个人的日常活动，信息部门将各种信息传达到经营管理中枢，再由中枢下达各种活动指令。如果人的神经系统"短路"，即使"脑"部很正常，但神经系统的功能失调，人就无法正常活动了。同理，管理制度发生问题，无论是制度本身的缺陷，还是制度执行上的障碍，都会造成企业不能良好运转。

下面将针对几个常见的管理制度失调的情况作一些讨论。

一、管理制度失调的病例

1．经营方针缺陷症

业绩不良的公司最常见的病症之一就是在经营方针上存在严重缺陷。有许多公司表面上拟订了很理想的经营计划、经营方针，但业绩却总是不佳。这通常是由以下原因造成的：经营方针、经营计划的内容不切实际或者没有让员工、甚至主要管理人员透彻理解。

有这样一个事例。

> 合俊集团（控股）有限公司是香港一家大型玩具生产商，至2007年底，合俊已发展为拥有9100名员工、年销售额7.09亿港元的大型玩具厂商，客户包括美泰、孩子宝等国际大型知名玩具品牌。
>
> 2008年，一场大雨从天而降，合俊集团在樟木头镇的厂房遭受水灾，存货因而遭受损失。水灾导致物料报废及业务中断，集团消耗近一个月时间方恢复正常生产。此次水灾亦严重影响该集团原材料供给的稳定性及现金流量规划，从而影响集团的营运效率。因水灾造成的存货受损约达6750万港元。
>
> 合俊集团旗下的俊领玩具厂已倒闭，据玩具厂的一位员工介绍说，公司内部管理混乱才是合俊倒闭的真正原因，而美国的金融危机只是让这一天提前到来。据该员工反映其所在部门只是一个普通的生产部门，却设有一个香港经理、一个内地经理、一个主任、一个经理助理、一个高级工程师、一个工程师、一个组长，还有就是三个工人，一共10人。该部门是一个五金部门，但合俊主要是生产塑胶和毛绒还有充气玩具的。于是上述员工是这样描述他们的工作的："我们三个工人扫扫地、擦擦机器，完了就吹牛睡觉，组长就玩，我们睡觉他也帮助站岗，主任就天天在办公室上网或者到处逍遥。两个工程师陪着经理天天出差，有时一个星期看不到人，经理助理就负责收发邮件和安排经理出差。香港经理干什么我们就不知道了。其他的部门除了比我们部门人多以外，其他情况差不多，都是当官的人很多，管事的没有。工人做事是十个人做的事没有十五个人他们不干，一天能干完的事拖也要拖到明天。"

第一章
制订公司管理制度

> 除此之外,合俊集团的物料管理也很松散,公司物品经常被盗,原料当废品卖。而且生产上也没有质量监控,返工甚至报废的情况经常发生。这位员工说:"一批货不返几次工是出不了货的,有一批货来回返了不下十次。厂里的QC除了吃饭睡觉拿工资,就没有看到他们干过什么。"
>
> 对自身的负债能力预计过高,导致债务风险巨大。面对这种形势,合俊还以1000万港元向Top Bright购买Goldbush Design Limited股权,就因为这家公司拥有两个互动玩具专利。一位合俊中层管理人员十分不理解公司高层的做法,合俊主要是做代工,专利对公司并不重要,不明白公司为何要在资金紧张之时购买专利。
>
> 合俊已名存实亡,曾经的玩具帝国轰然倒塌。

香港上市公司合俊集团并非死于金融危机,而是各种经营不善所致。合俊的倒闭虽有特殊性,但也颇具普遍性。

2. 报告传阅症

报告,尤其是要求批复的决策性报告,应由接收者判断并批注以决定所采用的对策。否则,报告书就成为一种传阅文件了,而对于公司经营的报告书,绝不能像传阅文件那样"走一遍",不能因为一些部门盖了章,本部门也随随便便盖章了事。

报告书最重要的作用是正确地记录事实,并附加有关方面的意见。

> 有一家汽车配件零售公司,在行业整体一片萧条的情况下,却能够一枝独秀。虽然作为零售公司,自己没有工厂,但开发商品正是该公司的强项。他们将自己开发的商品委托给相关企

业制造,向市场推出畅销商品。

　　这一次,公司又要开发一个新项目——改善汽油燃烧效率的零件,总经理预计在五年后该商品的销售额能够达到公司销售额的25%,成为公司的主力商品之一。在公司会议上,他用了几乎一天的时间,向员工说明他的经营计划。然后,公司所有推销员都拿着这个新开发的商品一起向全国各地展开推销。一个月以后,公司收到北部地区推销员寄来的零售日报表。总经理见到报表后大吃一惊,本以为可以成为公司拳头商品的产品竟然被消费者指责为有严重问题,这些指责均记载在零售日报表上。总经理问经理:"这是怎么回事?"之后经理又跑去科长那里,指着报表上的内容,问道:"科长,你盖了章之后,我也就跟着盖了章,但是怎么会出现这样的事情呢?"

这个案例不仅反映出"报告传阅"的问题,还反映出原本应紧急处理的诸如日报表的事情,却被积压下来,经过漫长的层层传递才到达高层。那么,如何改善这种报告制度呢?可以采用下面的方法:对于一些重要、紧急的报告,使用"红纸"报告书,可以不经中间管理层的层层审阅而直接呈报高层或相关部门。由此,在定型的"正规报告"基础上衍生出"重要报告",可以分别对待,从而提高工作效率。

3. 制度形式化症

虽然有时候过去的做法可能会更合理,但企业管理制度一方面应当在经营环境、目标有所变化时,依据实际需要对制度加以修正。另一方面,必须查证管理制度是否确实在运行。人们总会对按照制度工作感到疲劳和厌烦。因此,在制订的规范中应该包含一种内部稽查的功能,以免大多数人在不知不觉中漠视了制度而为所欲为。如果在违反了制度后

第一章
制订公司管理制度

没有出什么纰漏，也没有受到严格的稽查，那么以后就很可能会一而再，再而三地马虎起来，最后习惯成自然。

> 某电缆厂的厂长接到公安局的电话：
> "贵厂最近是不是有产品被偷？"
> 厂长说自己的工厂已确立了"内部稽查制度"，并严格注意"产品保管管理"，所以不可能会失窃。另外，他们也没有收到任何有关失窃的报告。
> 但警察却坚持说他们所扣押的人说，他手上的电线是从该厂偷来的，人赃俱在。最后，警察请厂长派人过去一趟。
> 厂长到了公安局一看，发现这些电线正是自己工厂的产品，而窃贼原来就是厂子里的销售员。
> 该厂的提货程序如下：
> 销售员开出售货传票以及出货请求单；
> 出货请求单必须得到销售负责人盖章确认；
> 仓库管理员见到盖有销售许可章的出货请求单后，亲自将产品交给销售员。
> 交货给销售员时，仓库管理员开具"产品出货传票"（共四联）。其中二联给销售员作为"交货单"和"领货收据"，另外二联是转交材料部门的"出货单"和仓库管理部门留存的"出货单副本"。
> 销售员将产品交给买方，买方在"领货收据"上签章，销售员收回后转交会计部门。
> 如果严格按照这个程序，就不应该发生违法行为。但事实上，销售员与仓库管理员往往交情很好，因此仓库管理员极有可能并未严格照章办事。

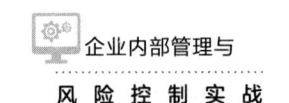

在销售员去仓库提货时，如果仓库管理员正巧很忙，销售员就常说："看你这么忙，我也很着急。我把出货的单放在这儿，东西我先拿走！"这样几次之后，也没有出现什么差错，仓库管理员就松懈下来。等到以后再遇到工作忙的时候，仓库管理员就会主动开口："我现在忙得很，你自己去拿吧。"于是，纰漏出现了，这就是不良习惯造成公司制度的形式化。

二、管理制度失调的"治疗"

在管理制度不完善的企业中，如果最高层拟订的正确的经营方针、经营计划无法传达到各部门，各部门也就无法进行有效反馈，最高层就无法掌握企业的运营状况。

为避免管理制度失调，就要全盘检查企业的管理制度，使各部门的工作程序和规则更加合理化、标准化。以下几点需要特别注意：

1. 证实经营方针与计划是否正确

企业的方针、基本计划要在征询各方面意见、建议的基础上提出。在高层的方针、基本计划确定下来以后，各部门必须按此方针、计划来构思自己的实施计划。这时候，各管理层一定要进行上下级之间及同级之间的充分交流。这一阶段的工作应在新事业正式展开的三个月前进行。

2. 从最高层的经营方针中分解出与本部门业务相关的事项

各部门主管在理解了高层的经营方针、计划的基础上，要从计划中找出与本部门职责相关的事务。例如，如果经营方针中有一条是"发掘公司的最大能力"，人力资源部门就会相应地制订"教育训练"的计划，并将这一计划扩展为一些更具体的项目。

第一章
制订公司管理制度

3．将各项目具体化，并将这些项目按重要性划定等级

如上述人力资源部门可能会把公司外派学习与公司内部培训结合起来。在确定了这些实施项目都是从高层方针计划出发编定的，各项目都较重要之后，再分别明确如"非常重要、很重要、重要、一般"等级。这样一来，万一业务过于繁忙而无法兼顾每一个项目时，部门仍能办好企业管理层所指示的最重要的业务。

4．目标必须明确，尽可能量化

在明了需要实施的各个业务项目后，应该尽可能地将项目的预期成果（目标）量化。比如前面的教育培训项目中，可以分列以下项目：

培训对象的人数；

举办研讨会的次数，每次参加的人数；

总共安排的课程数；

准备的教材数量；

实施培训的时间和地点；

培训设施及其数量；

培训经费；

写学习报告应使用的纸张类型和数量；

学习汇报、成果展示要用的时间；

培训的合格率及成绩排名。

5．实施期限必须明确，为此要制作业务预定表

要明确各个事项应在"什么时间"实施。关于"什么时间"实施，可以参考以下基准：

公司最好能在业务年度初制订"各部门季度业务预定表"，并在其中区分出"常规业务"与"重点业务"。另外，在即将进入下一个季度之前

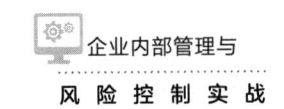

必须对这个"预定"的计划重新检查，根据新出现的情况进行斟酌增删，以达到最优化。

6．业务预定表应得到管理层的认可

业务预定表应先呈送经营管理层，由他们来审查、判断此预定表的战略重点业务及其可行性。经管理层认定后，再将预定表交给各部门主管去实施。

7．明确各项目实施的负责人

在把"常规业务"与"重点业务"进行明确区分后，就必须按其要求来实行，明确在某一项目中的负责关系。

8．核查项目实施情况

通常可以通过下面两个途径来核查项目实施情况：

一是由专门的组织机构，如经理办公室、企划工作室、总务部等主管部门进行核查，一般情况下，各种提案或多或少是由他们来草拟的。通过核查，他们还可以了解"此方案是否符合实际情况"，"此方案能否顺利实施"，"为贯彻实行该方案需要做其他哪些改善"等。

二是由部门主管或主管委派的人员进行核查，这样能够使考核工作深入到工作的最底层。

9．评估实施结果

按季度、按年度或按生产周期对实施结果进行评估。这种评估，有助于制订和执行下一个季度、下一个生产周期的方针与计划。有关结果应及时反馈到实施部门，以便各部门及时总结经验教训，进一步完善工作。

第一章
制订公司管理制度

※ 建立公司管理制度的具体方法

建立公司管理制度是一项复杂的系统工程,是公司管理水平的综合体现。作为一个动态的过程,公司管理制度的建立、健全和完善必须有计划、有秩序、有步骤地进行。

一、制订公司管理制度的指导思想

制订公司管理制度要坚持以下五条指导思想:

1．领导与员工相结合的思想

制订公司管理制度既要体现领导集中统一管理的要求,又要反映普通员工对管理制度的要求与愿望。公司领导应统一负责组织拟订,在制订中要坚持走员工路线,及时总结员工的经验和建议,从员工中来,到员工中去的公司管理制度才有生命力,才能有效发挥作用。

2．实事求是的思想

制订公司管理制度要坚持从公司本身的具体情况和条件出发,尽量使制订出来的管理制度符合公司实际,切实可行。

3．相对稳定的思想

所制订的公司管理制度既要考虑发展,又要立足现实,要避免朝令夕改,保持相对稳定。

4．提高工作效率和经济效益的思想

制订管理制度的基本出发点和落脚点,就是要有利于公司实行集中

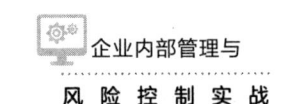

统一管理，有利于有效地组织公司的生产经营活动。

5．为员工服务的思想

制订公司管理制度要坚持为员工服务的宗旨。要以人为本，尽量做好保护员工身心健康、方便员工工作生活的工作。制订公司管理制度，必须以党和国家的方针、政策、法律、法规为依据。合理的管理制度既能反映企业生产经营的客观规律，又能适应生产关系的客观要求。

二、制订公司管理制度的原则

制订公司管理制度应该遵循以下原则：

第一，制度要健全，要力求具体完备，以便处理问题时有依据。

第二，管理制度的制订必须坚持领导与员工相结合的原则。绝不能把公司内部规章制度的制订当作简单的文字性事务工作来对待。它涉及广大员工的生产经营行为及各种利益关系，应结合本公司的实际情况和生产经营管理的需要，经过充分讨论，按有利于员工贯彻执行的原则来制订。

第三，制订公司管理制度要以发挥实际效果为目的，根据公司实际需要来制订。不要制订空洞无物、不切实际的无用制度。

第四，公司管理制度的制订除不能与国家法令相抵触外，还要考虑人们的文化教育水平、宗教习惯和风俗等。尤其是随着经济全球化进程的加快，国际化大市场的形成，公司势必要与更多国家和地区的人群打交道，跨国公司在这方面更是如此。

第五，公司管理制度要形成完整的体系，彼此相互协调，避免重复和相互矛盾。由于公司管理制度是一个由许多方面内容组合而成的体系，各方面的配合与衔接显得非常重要，一套不完整的或是互相冲突的公司管理制度只能使公司员工无所适从，使公司管理更加混乱，更不可能实

第一章
制订公司管理制度

现公司管理的标准化、科学化。

三、建立公司管理制度的内容

公司管理制度的内容包括以下方面：

建立集中管理与分散经营，即集权和分权相结合的运行机制，在领导体制上体现领导专家化、领导集团化、领导民主化。

建立起以参与国际竞争、占领国际市场为目标的经营战略体系。战略管理是现代管理的重要内容，而正确的经营思想又是优化战略的先导，因此在管理上必须树立起竞争观念、市场观念、金融观念、时间观念、质量观念、信息观念、以人为中心的观念以及法制观念。

建立企业的民主管理制度。

建立职工培训与考核制度。建立和实施好该项制度，能够使公司拥有素质良好的职工队伍和熟练掌握现代管理知识与技能的管理人员。

建立生产技术改造与科研制度。

建立现代企业的文化生活制度，建设以公司精神、公司形象、公司规范等内容为中心的公司文化，培育良好的公司精神和公司集体意识。

除此之外，还要建立一系列的与之相配套的具体制度，通过科学的生产管理、质量管理、人力资源管理、研究与开发管理、财务管理、营销管理等一系列管理体系的建立，使公司管理更科学。

四、制订公司管理制度的程序

制订公司管理制度的过程，是领导同员工相结合，反复进行调查研究的过程；是从员工中来，到员工中去，发动员工进行自我教育、参与公司民主管理，提高公司员工素质的过程；是总结公司的历史经验与学习成功公司的先进经验，并探索公司管理的新方法，提高管理水平的过

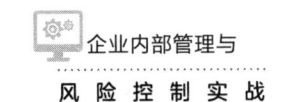

程。制订公司管理制度应该遵循以下基本程序：

调查—分析—起草—讨论—修改—会签—审定—试行—修订—正式执行。

也就是说，公司管理制度的制订，要以充分的调查、认真的分析研究为基础，收集多方意见形成草稿。草稿形成以后，发放给有关职能部门及其基层单位进行反复讨论，缜密修改，经过有关部门会签和领导审定后，在小范围内试行检验。对试行中暴露出的问题，认真进行修订。重要的规章制度，应提交股东大会、董事会或职工代表大会通过，并报上级主管部门批准。遵循上述基本程序制订出的管理制度才能够切合实际，具有权威性，并得到贯彻执行。

1．制订公司管理制度要进行的调查研究工作

搞好调查研究，是制订切实可行的公司管理制度的重要环节。调查的主要内容包括以下几个方面：

①经常向从事实际工作的同事讨教。从事实际工作的同事，特别是在该项工作中做出显著成绩的人，他们对本专业工作情况了解最深，对应该怎么做、不应该怎么做有准确的判断力，调查、总结他们成功的经验，并且充分吸收他们的失败教训，才可以制订出有指导意义的有价值的制度。

②查阅本公司的历史资料。通过查阅资料，分析数据，提炼出具有规律性的东西。

③学习别人的先进经验。向成功公司，特别是同行业、同领域的成功公司调查，学习他们的先进经验，但对这些经验要灵活掌握，不能生搬硬套。

④认真学习党和国家的方针、政策、法律、法规及各级管理部门的有关规定。一项管理制度往往涉及许多方面，受多方面方针、政策、法规等的约束，所以要与其相一致，这样制订的公司管理制度才有权威性。

第一章
制订公司管理制度

2. 组织针对公司管理制度的讨论

大多数情况下,在制订公司管理制度的过程中,进行充分的讨论是极其必要的。这样做可以集思广益,堵塞漏洞,消除破绽,是制订制度的重要环节。组织安排对管理制度的讨论,应注意以下两点:

①公司管理制度牵涉到的各个部门都要参加讨论。要提前将规章制度的草稿发给有关领导和涉及的各个部门、各位主管,让他们提前分析研究,准备修改意见,以便到时能把意见带到讨论会上来。

②主持讨论会的领导要有民主作风。要善于启发其他员工表达自己的见解,通过讨论甚至是争论,那些考虑不周到的地方便可加以完善,以使管理制度更趋完整和严谨。

五、公司管理制度的篇章结构和撰写要求

1. 企业管理制度的篇章结构

企业管理制度的篇章结构,一般由导语、条款、实施说明三个部分组成。具体结构,因其本身的性质、内容不同而异,常见的形式有以下四种:

(1)分章命题,下列条文

这种结构形式,首章通常为总则,阐述制订规章制度的依据、目的、适用范围等。中间各章为规章制度的具体内容。每一章可分为若干条,每一条可分为若干款。末章通常为附则,说明这部分规章制度的权威程度、修改和解释权限、生效时间及其他有关要求。

(2)分段标题,逐条叙述

这种结构形式一般在前面有一段导语,说明制订制度的目的、依据,适用范围等,然后分段标题,逐条叙述。一般会在末段附上实施说明。

(3)开门见山,全篇列条

这种结构形式,从开篇到结尾都是条文。第一至二条为制订制度的

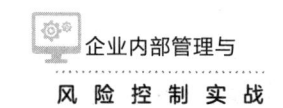

目的、依据，中间各条为具体内容，末尾一至二条为实施说明，写明修改和解释权限、生效时间等。

（4）只写编号，不列条款

这种结构形式与第三种形式相似，不同点在于这种结构形式只有编号，没有条号。相对来说，这种结构形式比较灵活，开篇可以写一段导语，也可以不写，结尾可以写实施说明，也可以不写。

2．公司管理制度的撰写要求

公司管理制度是与公司生产经营活动或工作有关的具体规定的文件，具有严肃的法规性质，公司管理制度生效后必须严格遵照执行。所以，公司管理制度的各项条款，务必明确、准确、具体。撰写要求如下：

①分门别类，条理清楚，层次分明，一目了然。

②前后连贯，逻辑严密，考虑周全，措施具体。

③文字洗练，表意清楚。行文庄严，朴实无华，简明扼要。不宜使用夸张、抒情之类的文字，也不宜使用文言文。

④措辞用语要注意分寸，准确反映客观实际。有关数据要经过反复调查核实。确定界限时用词更要准确，必要时可用括号注明。

⑤通俗易懂，不使用生僻字，不使用转弯抹角的句式，尤其要避免使用让人捉摸不透的易产生歧义的词，不生造一些令人费解的缩略词语。

⑥标点符号的使用要合乎规范，避免因标点符号不准确而影响文意的正确表达。

六、公司制订管理制度的七条戒律

公司规章制度是组织和管理现代公司的重要手段，这一手段运用得好坏将直接影响公司的生存与发展，同时会直接关系到公司的经济效益。牢记公司管理制度制订的七条戒律，能更好地避免管理制度制订的失误。

①草率从事。为了应付上级而草草制订出一份管理规章，根本不向公司员工宣布，当然更谈不上执行。

②与法规抵触。有的规章制度条文与现行政策、法规和政府的规定相抵触，是无效的。

③违背常理。如果管理制度规定过于严苛，以致员工大都难以做到，惩罚措施过重，容易导致员工产生抗拒心理，有碍制度的执行和公司稳定。

④自相矛盾。上下条文互不衔接、自相矛盾，让人无所适从。

⑤咬文嚼字。文字冗长，语言生硬，表意不清，令人难以领会。如某公司《安全守则》中有这样一条："在禁区内不得燃烧可燃物或促使致燃的器具"，其实用"禁区内严禁烟火"七个字就能更好地表达其意。

⑥舍本逐末。列出大量无关紧要的条文，只会"喧宾夺主"，降低了重要条文的分量，细枝末节的条文过多，不便记忆，还会影响管理制度的执行。

⑦尺度失当。条文过宽，起不到约束作用；或条文过于具体，实际工作中又难以执行，或执行起来反而降低效率。

※ 修订公司管理制度

公司管理制度要不断适应公司经营的内外部环境及有关因素的变化并适时作出调整。公司管理制度的制订和修订主要有以下三方面的区别：

①撰写时序的差别。制订公司管理制度在先，修订在后。修订是在公司管理制度已经实行了一段时间的基础上进行的。

②撰写数量的差别。制订公司管理制度，就是从无到有，建立一部全面的完整的制度；修订公司管理制度只是对原有制度的不合理部分进

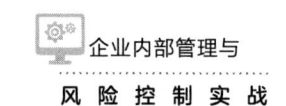

行局部的修改和完善。

③撰写质量的差别。公司管理制度的修订是一个对原有制度中不合理部分更新、完善，使其不断成为合理的制度的过程。所以，修订的制度更符合公司当前的发展需要，一般说来，其质量与原有的制度相比要高一些。

公司管理制度修订的程序与其制订相同，应该遵循调查、分析、起草、讨论、反复修改、会签、审定、试行、修订、正式执行这样一个程序。在起草修订稿时要特别慎重，必须考虑到，修改的这一部分内容，怎样才能与公司各方面的制度保持协调，避免出现顾此失彼的情况。如果一种管理制度的修订，造成了这项管理制度同其他管理制度的矛盾，那么势必带来公司管理混乱，因此在修订制度时必须注意到这一点。

在特殊情况下，公司可随时决定对管理制度进行修订。但在一般情况下，公司管理制度可以在每年年末修订一次。公司在年终总结各方面工作时，同时也可对公司管理制度进行检查、总结和修订。每隔三年公司需要对管理制度进行一次比较全面的修订，时间一般安排在年终，结合该年度公司的总结工作进行。

一、影响公司管理制度变化的主要原因

影响公司管理制度变化的主要原因有以下几点：

1．公司经营管理知识与观念的更新

新观念的确立会广泛影响到具体管理制度规范。如：以人力资源开发的观念代替传统的人事管理观念，人事管理职能的范围、内容、侧重点等都会发生变化。原有的制度，如人事考核与评价、工资奖酬、培训制度等都要调整，还要补充一些新制度，如工作轮换、职业生涯开发与管理等。总之，经营管理的新知识、新概念的提出，会给修改、完善现

第一章
制订公司管理制度

有管理制度,形成新的更有效的管理制度提供有益的思路和框架。

2．公司目标与战略的调整

当公司目标、战略调整或改变之后,原有的行为规范可能有些会不适合,甚至妨碍目标的达成和战略的实施。对于这部分制度要修改更新。战略变化引起的管理制度的变化主要有以下几个方面:

（1）产品或服务的经营领域以及市场范围发生变化时,相应的管理制度也要进行修改。不同的产品或服务,其经营业务在生产方式、规模、工程技术等方面具有不同的经济技术特点,不同的市场要求采取不同的市场营销组合,因而所采用的计划、组织、指挥、控制的管理方法也应不同。

（2）实现战略目标所采用的战略行动的变化同样会引起一系列的管理变化。如果一个公司的经营目标更改为"通过提供优质服务来获得差别优势,扩大销量",那么所使用的具体方法有:雇用更多的推销员,并为推销员提供更详细的市场信息;同时要求他们注意搜集用户信息,为生产提供依据;生产部门则按消费者需求组织生产;信息管理系统也要调整;生产计划、运输和供货方式、人员的评价、激励与培训制度等也要进行调整。

（3）公司内外的技术创新及社会的进步也肯定会引起管理上的某些变化。社会、经济方面的进步,如分期付款等也会使得营销、财务等管理制度发生变化。有的新工艺、新技术为公司发展新产品、新服务提供助力;有的技术,如大量使用流水线生产方式、混合流水线生产技术等,则形成新的资源转换方式。

（4）某方面的制度变化可能会带来整个管理制度体系的调整。因为公司管理制度作为一个有机联系的体系,相互影响与制约,彼此依存。

（5）影响公司经营观念和战略的其他因素也会通过观念、战略的调整而直接或间接地影响公司的管理制度。

总之,公司管理制度要适应外部环境和内部条件的变化,不断进行

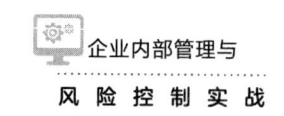

修订、补充和创新。

二、修订公司管理制度的原则

修订公司管理制度应遵循以下几个原则：

第一，辩证原则，即坚持"稳"与"变"的统一。公司管理制度既要有稳定性又要有灵活性。一方面，公司要根据生产经营的实际需要，对公司管理制度进行适时更新，用最新的管理制度代替原有的制度。另一方面，公司管理制度不能朝令夕改而让人无所适从，也不能因为原有的管理制度存在某些问题就全盘否定，而要在具体分析的基础上不断完善它，使之在实践中逐步趋于合理化。

第二，对公司管理制度的修改、废除要采取先"立"后"破"的原则。在条件尚不成熟，新的制度尚未出台以前，应继续按原有制度的规定办事，待新制度施行以后再废除旧制度，以保持公司管理制度的相对稳定性，保证公司生产经营活动的正常运行。

第三，对公司生产经营中出现的例外事件或偶然事件，要及时处理。现代公司的生产经营活动以及外部环境在不断变化，公司的管理制度同样也要进行相应的修订。

因此，在出现"例外"和"偶然"的情况下，管理者要善于运用标准化原理，用管理制度来指导对"例外"与"偶然"事件的处理，并且适时将例外事件纳入管理制度，使它成为管理规范的一部分。

案例：《华为公司基本法》是怎样诞生的

华为公司成立于1988年，是深圳的一家民营高科技公司，主要生产电子通信设备。借着中国通信产业蓬勃发展的时机，华

第一章
制订公司管理制度

为公司逐渐发展成为国内最具影响最有活力的公司之一。华为公司有着独特的公司理念、先进的管理方式、灵活的经营机制,而《华为公司基本法》的出现更使它成为中国企业界关注的热点,这部基本法标志着中国企业正在迈向管理科学化。

《华为公司基本法》在酝酿中

1995年,华为公司成立仅7年,这是它发生战略转折的一年。这一年,公司呈现出蓬勃发展的势头,公司的组织建设、管理制度建设以及文化建设也提上日程。华为公司为此做了以下工作:

1. 从1995年9月起,华为公司发起了"华为兴亡,我的责任"的公司文化大讨论。华为在创立及发展过程中形成了很有特色的文化,为各界所称道,但真正讨论起来,却发现有关文化的问题很多都没有理清,公司文化到底是什么,它有什么用,对这些缺乏清晰的认识。

2. 1996年,华为在全公司范围内开始大规模推进ISO 9001标准,这使公司的业务流程得到规范,公司的运作效率和顾客满意度也全面提高。但在重整后的业务流程体系中,各个部门及岗位的职责和权限如何定位,一切按流程操作会不会导致组织僵化等问题依然困扰着华为人。

3. 为适应公司快速发展的需要,华为公司在1995年成立了工资改革小组,开始重新设计公司的工资分配方案。这时,设计小组碰到下面的难题:工资水平依据什么来确定?依据绩效、职位,还是能力?要不要考虑资历?

4. 1996年1月,每年一度的市场部主管整训活动中,为迎接即将来临的1996年和1997年的市场"大决战",市场部全体管理干部集体辞职，表示愿意接受公司的重新安排，表现出高昂的士气和开阔的胸襟，但也由此暴露出在公司发展中一些没有妥善解决的根本性问题，如干部跟不上公司发展的步伐怎么办，有功的公司元老落后了怎么办，而优秀的新员工又怎样脱颖而出？

显然，快速发展和激烈的市场竞争，使公司迫切需要一个纲领性文件，来指导组织建设、管理制度建设和文化建设。

《华为公司基本法》初露端倪

华为总裁任正非顺应形势发展，在1996年年初提出起草《华为公司基本法》。当时总裁办公室主任陈小东按习惯思路，把华为公司这些年来发布的内部管理条例和制度加以汇总，重新分类，删除过时的制度，补充缺少的制度，形成体系，用两个多月的时间，整理出《华为公司管理制度汇编》。但任正非认为陈小东思路不对，他想要的"基本法"是能够指导华为公司发展的管理大纲。正好公司顾问、中国人民大学吴春波博士发表文章指出："《华为公司基本法》不仅应容纳文化和技术政策、组织建立原则、人力资源管理与开发，以及基本的管理模式与管理制度，还应对基本业务流程和员工守则作出原则性规定。"吴博士的文章为《华为公司基本法》确定了主要的内容。

1996年3月，由中国人民大学工商管理学院黄卫伟教授和包正教授为主的《华为公司基本法》起草小组成立，开始执笔撰写。起草小组与华为公司领导就基本法的写作宗旨和框架频繁地交换意见，初步明确了《华为公司基本法》的定位——《华为公司基本法》是华为公司的价值观体系和管理政策系统。管理政策是公司管理层以及各部门和各级主管的决策指南和行为准则，是调整公司内外重大关系和矛盾的准则；是对公司全部

第一章
制订公司管理制度

价值的权威性分配；是对公司文化隐含假设的明确阐述。同时又确定了制订《华为公司基本法》的三个主要目的。

1. 将华为公司管理层的意志、直觉、创新精神和敏锐的思想转化为文字形式的公司宗旨和政策，使其能够明确地、系统地传递给各级管理层，从而使各级管理层规范化地运作。

2. 阐述华为公司处理管理问题的基本原则、公司内外重大关系的原则和优先次序，建立调整公司内部关系和矛盾的心理契约。

3. 指导公司的组织建设、业务流程建设和管理的制度化建设，实现系统化管理，推动管理达到国际标准，并使华为公司管理体系具有可移植性。

《华为公司基本法》制订工作在摸索中前进

当时，在中国制订公司基本法还是非常新鲜的事物，很少有适合企业实际的经验可以借鉴。为了使《华为公司基本法》真正体现华为企业精神和未来发展方向，起草小组开始在华为公司展开深入地调研和访谈，使《华为公司基本法》逐渐清晰起来。

专家们在华为公司搜集相关资料时，发现华为公司的资料非常全，里面有任正非的历次讲话记录、华为公司的管理制度、一本厚厚的《华为文摘》、总共29期的《华为人报》，还有公司文化讨论小组的讨论记录。这些资料真实地记录了华为自身成长的经历和现状。

在专家们与华为公司管理层的交流中，专门确定了《华为公司基本法》的思考框架。双方互相交流，相互启发，整个思考框架很快就出来了，为随后更深入更广泛的高层访谈提供了框架和切入的角度。

在连续的高层访谈中，专家们不断思考和讨论这样一个问题：《华为公司基本法》应确定哪些命题？经过长时间摸索和探讨，专家组终于取得相当的成果：追求是《华为公司基本法》的首要命题。

那靠什么实现追求呢？靠人才——华为明确强调"我们强调人力资本增值的目标优于财务资本增值的目标"。

确立了技术创新命题，强调华为公司在独立自主的基础上开放合作地发展拥有自主知识产权的、领先的核心技术，用卓越的产品自立于世界通信诸强之林的决心和宗旨。

另外，专家们认为，华为的活力，在于公正的价值评价体系和价值分配制度，尤其是在华为公司的价值分配体系中，最核心，也最有激励和凝聚作用的是内部员工持股制度。起草小组在撰写《华为公司基本法》"价值分配"一章时对公司价值创造问题作出全新的阐述，并据此提出"知本主义"的全新概念，使华为公司的价值分配理念得到更准确的体现。

《华为公司基本法》是集体智慧的结晶

《华为公司基本法》是华为员工集体智慧的结晶，里面集中了华为公司管理层领导的许多重要观点。

《华为公司基本法》第一稿发布后，华为的干部员工都积极参与到讨论中。他们对《华为公司基本法》的结构、命题、表述、用语，甚至是标点符号，都提出了各种意见和建议。

《华为公司基本法》的第二讨论稿充分地考虑了员工的意见，在每一条前增加了主题词，提炼了主题句。并对第一讨论稿的修改意见加以集中，如对价值创造要素等关键的提法进行了修正。

《华为公司基本法》第四稿刊登在1996年12月26日的《华为人报》第45期上。

第一章
制订公司管理制度

> 又经过1997年一年的讨论,《华为公司基本法》改到了第八稿,在即将交付审定会讨论之前,华为公司二级部门经理以上的干部,每个人都认真地写下了自己最后的意见和建议。审定会讨论通过后,《华为公司基本法》最终确定了下来。
>
> 《华为公司基本法》建立在华为公司卓越的理念和实践的基础上。通过制订基本法,华为公司完成了公司发展的战略性规划。《华为公司基本法》的制订可以说是华为公司的二次创业,是实现飞跃的一个里程碑。

第二章
企业文化的塑造

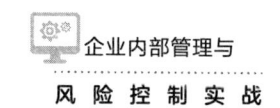

※ 培育企业精神

一、企业精神的内涵

很多人对企业精神的内涵有不同的理解。有人认为，企业精神是时代精神在企业中所体现的群体创业意识；有人认为，企业精神是指企业员工的群体意识、思维意识和一般心理状态。这两种见解，都有其独到之处，但仔细推敲，前者定义过窄，因为它仅仅揭示了企业精神的部分内涵；后者基于精神，即意识的广义理解，定义又过宽。我们认为，企业精神是企业为实现发展目标，在生产经营管理过程中长期精心培育而成的，由企业思想、企业信念、企业价值观中的积极因素组成的一种人格化的理念和风范。它是人格化的企业灵魂，是企业文化的核心内容。企业精神是企业高层次的精神追求，是现代意识与企业个性相结合的一种群体意识，是企业价值观的集中体现，是由企业的理想、信念、价值取向、经营信条、道德标准、行为准则等汇集并经过加工、提炼而成的明确的意识形态。它不是一般意义上的理想、观念，而是一种经过长期培育、倡导，在企业内部形成的相对稳定、自觉的观念体系，融会了企业员工的最高理想，可称为企业员工的"精神核"。

企业精神是一种群体意识。它源于企业生产经营的实践，源于员工先进的群体意识，更集中地反映了企业家的事业追求、理想目标和主导意识。它的载体是企业的广大员工，体现在员工的每一言、每一行中，是被企业员工所普遍承认、接受并自觉遵守的价值尺度、道德约束，凝聚着企业员工在长期的生产经营中的追求和方向，也是对本企业在历史发展中所形成的好传统、好作风的提炼和升华。企业精神不是企业家或少数人的信念和口号，它融入员工的内心产生凝聚作用，成为他们的自

第二章
企业文化的塑造

觉追求和行动。企业精神是时代精神的体现，是企业个性与时代精神相结合的具体化。优秀的企业精神应当能够让人从中把握时代脉搏，感受到时代赋予企业的勃勃生机。同时，企业精神要反映出本企业员工的共同理想、信念、追求，坚持和发扬自身的优良传统和优良作风，培养反映本企业经营思想特色的、为本企业所接纳的、行之有效的企业精神。所以，企业精神在熔铸时代精神的同时，一定要突出企业的个性，不同时代造就的企业精神，都会打上不同的时代烙印。企业精神是共性与个性的统一，是个性化的时代精神。

二、企业精神的形成与发展

随着人类社会的产生，相应地产生了一系列的精神现象或者叫做精神活动。企业精神作为社会上独立性较强的观念形态文化，随着商品经济的产生而萌芽，并随其发展而发展。

在简单商品经济条件下，手工作坊成了当时的企业，其最大特点是以手工技能、技艺为核心。因此，当时的企业精神主要是反映人的技能，而技能又主要表现在卖给顾客的商品上。因此，在商品上挂上某某人制造，如"王麻子剪刀"等，便是很自然的了。这种萌芽时期的企业精神，主要反映的是生产者对自己劳动成果的认同感。

随着社会生产的发展和企业规模的扩大，企业精神逐渐形成。但在我国企业精神的真正出现，还是在新中国成立以后，并在各个时期表现出不同的特点。20世纪50~60年代艰苦奋斗精神是主旋律，80~90年代竞争创优是主旋律，在发展市场经济的今天，灵活经营、理性竞争、拼搏奋进、创业创新等精神已成为培育企业自身精神的内容。它为企业带来了活力，使企业保持了旺盛的生命力，特别是对各个独特的企业精神的形成起到了积极的推动作用。

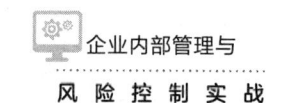

三、企业精神的特征

1．企业精神是企业现实状况的客观反映

企业生产力状况是企业精神产生和存在的依据，企业的生产力水平及企业家素质与追求对企业精神的内容有着根本的影响。企业精神是企业现实状况、现存生产经营方式、员工生活方式的反映。这是最根本的特征，离开这一点，企业精神就不具备现实性。

2．企业精神是全体员工共同拥有、普遍掌握的理念

只有当一种精神经过引导成为企业内部的群体意识时，才可认作是企业精神。企业的绩效不仅取决于它自身的一种独特的、具有生命力的企业精神，而且还取决于这种精神在企业内部的普及和渗透程度，取决于是否具有群体性。

3．企业精神是稳定性与动态性的统一

企业精神一旦确定，就相对稳定。但这种稳定并不意味着一成不变，它需要随着企业的发展而不断发展。这就反映出企业精神的动态性。稳定性与动态性的统一，使企业精神不断趋于完善。

4．企业精神反映现代企业务实和求精的经营思想

企业精神的确定，旨在为企业员工指出方向和目标。务实，是指应当从企业生产经营的实际出发，遵循客观规律，切忌凭空想象和照搬照抄。好的企业精神不仅能动地反映与企业生产经营密切相关的本质特征，还能鲜明地显示企业的经营宗旨和发展方向。如20世纪50年代鞍钢爱厂如家的"孟泰精神"，60年代"三老四严""四个一样"的大庆精神等。求精，则是指在现代强手如林的市场竞争中，质量和信誉是关系企业成

败的关键因素。一个企业要长期稳定地发展，永葆旺盛的生命力，就必须发扬求精精神。

四、企业精神的作用

企业精神作为潜在的生产力，在企业发展中产生着强大的精神动力，在企业的生产经营中发挥着凝聚、激励、感召、引导、协调、规范等重要功能。企业精神是企业为实现自己的奋斗目标所倡导、培育的精神，是由企业员工的价值观、经营信条、行为准则等汇集提炼而成的自觉的群体意识。它一旦得到全体员工的认可接受，便能产生巨大的、稳定的、积极的、持久的精神动力，成为企业发展的精神动力源泉。

1．企业精神为企业的生存与发展确立了精神支柱

著名的心理学家马斯洛指出，人的需求是有层次的，不仅包括生理、安全等基本需求，而且还包括情感、自尊和自我实现等高级精神需求。高层次的精神需求，一般通过以价值观为基础的理想、信念、伦理道德等形式表现出来。当员工接受并融于企业精神的塑造过程中，个人的目标与企业的目标达成一致时，就会把为企业做贡献看做是自己的理想而为之奋斗，就会以企业为荣，并为之拼搏。

2．企业精神决定了企业的基本特征

企业作为独立的经济实体和文化共同体，在其内部必然会形成具有本企业特点的、已达成共识的企业精神。它决定了企业的个性，规范着员工的行为和企业发展的方向。这种通过群体氛围和共同意识引导来实现的企业精神，会迸发出无穷的力量，突出显示出企业独特的个性。

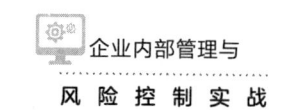

3. 企业精神能产生凝聚力，激励员工释放潜能

凝聚力来自企业的内部，企业精神像一种理性的黏合剂，把企业员工拴在同一信念目标上，以其大量且微妙的方式沟通员工的思想，创造一个共同协作的背景，把企业内部各种力量汇集到一个共同的方向。

4. 企业精神可以塑造宽广博爱的工作环境，提高管理效益

随着经济全球化进程的推进，现代管理的内涵在悄然变化，工作中所需体力劳动减少，智力劳动增加，管理实质上是促使员工主动思考学习，创造性地开展工作，把创造性思维与工作融合起来。在这样一个环境中，员工的自尊心得到满足，创造性也得以充分发挥。

五、企业精神的塑造与提炼

企业精神是时代精神在企业中的体现，是企业文化的核心，是企业全体员工的行为准则和共同信条。一般来说，企业精神不会自发形成，它需要一个精心培育、反复倡导和不断提炼的过程。企业精神的塑造过程实际上是将感性认识上升到理性认识的一次飞跃。企业精神的塑造，实质是塑造一种优秀的企业文化，发挥企业的辐射力和亲和力，增强凝聚力和战斗力。企业精神的塑造与提炼是一个复杂的工程，必须遵循正确的原则和方法。

1. 要对企业的现实状况进行客观且高度清晰、准确的透视

这不是一般意义上的收集、整理材料，而是要对实践材料进行剖析，透过现象抓本质。要抓住实践的精神及其实质，就必须遵守科学的思维方法，掌握企业运行发展规律，对感性材料进行"去粗取精、去伪存真、由此及彼、由表及里"的改造、制作，经过专家、领导、群众的反复讨

第二章
企业文化的塑造

论、筛选后才能得到。

2. 要坚持时代性与个性相结合、传统与现实相结合的原则

企业精神必须既反映时代精神风貌，又反映企业鲜明的个性特征；既是企业优良传统、作风的继承，又兼顾企业现实的奋斗目标、发展方向。这样的企业精神才能具有时代性、导向性，才能在企业中产生巨大的凝聚力、向心力，成为企业的旗帜。

3. 要坚持专家、领导、群众相结合的原则

企业精神的塑造和提炼是将群众的实践理论化、系统化，这离不开专家、领导的工作。但只依靠少数专家、领导从会议到会议，从研讨到研讨，也难塑造出反映群众心声、为群众喜闻乐见、有群众基础的企业精神。因此，企业精神的提炼与塑造要坚持领导、专家、群众相结合的原则，集思广益，慎重稳妥。

企业精神是随着企业实践而变化发展着的，企业精神的塑造是一个无止境的过程，不可能一劳永逸。随着实践的深入、时代的发展，需要将新的内容不断地对企业精神进一步修改、充实和完善。

六、培育企业精神的方法与途径

培育企业精神的途径多种多样，无须强求疑虑，事实上，由于每个企业的实际情况不同，采用的方法和途径也不可能完全相同。

1. 培育企业精神的途径

（1）灌输教育方式

企业精神作为一种先进的群体意识，不可能自发地形成，不会在企业实践中自然地产生。任何一个企业，塑造企业精神都离不开教育，这

种教育不是一朝一夕的事情,而是一种长期的灌输;不是一人一事的个别教育,而是对全体成员上升到理想、信念等世界观高度的教育。只有在这种氛围中,才能提高对企业精神的理解和认识,奠定良好的思想基础和群众基础。

(2)实践锤炼方式

只有实践,才能体验到塑造企业精神的意义和作用,才能将企业精神变成员工的意识和行动。实践锤炼方式包括在生产经营中锤炼,在企业管理中锤炼和在劳动竞赛中锤炼等。

(3)榜样引导方式

树立榜样,引导、启迪员工,这是许多企业培育企业精神普遍采用的重要方式。有意识地树榜样,可以使企业精神形象化、具体化,使员工在无形中感到有学习、追赶的目标,从而增强企业精神的可信性、感召力。树立榜样,还可以造成一种人人学先进、赶先进的氛围,使企业精神在互相学习中深化,在互相追赶中升华。

(4)环境影响方式

人们生活在一定的环境之中,环境对人具有潜移默化的作用。一些企业积极利用环境,调适环境,把环境影响作为培育企业精神的一种途径。采取多种宣传手段,反复宣传自己的企业精神和体现企业精神的先进典型,营造一种积极向上的气氛和环境,使员工每天都能看到、听到本企业精神的目标要求,都知道本企业精神的实质内容,都感到自己生活在一个火热的集体之中,从而使企业精神深入人心,成为企业员工的自觉追求。

(5)感情投资方式

许多企业家认为,爱是培养群体意识的纽带,只有每个企业成员都感到群体温暖,群体意识才能形成。而温暖来自成员之间,尤其是来自企业领导对于成员坦诚的感情。塑造企业精神,必须重视对广大员工进行感情的培养,使员工从切身的感受中,把自己和企业的命运结合起来,从感情上珍视体现集体利益的企业精神。

（6）形象体现方式

这是把企业精神物化为有形物的一种方法。企业精神是无形的，形象体现可以把抽象的企业精神具体化、形象化，有利于增强员工的参与意识，把他们广泛地吸引到企业精神中来，使员工普遍受到企业精神的熏染。

2．培育企业精神的方法

企业精神是社会化大生产发展到一定阶段的产物。从实践来看，企业精神的培育过程，是一项长期、艰巨的精神文明和物质文明建设过程。因此，培育企业精神要求企业采取相应的措施和方法。

（1）**以目标激励原则确立企业精神所追求的战略目标**

企业精神的产生和发展是与企业的生产经营活动相适应的。企业精神在企业里是否处于战略地位，很大程度上取决于它是否反映企业所追求的战略目标。在目标激励原则的实际运用中，要善于用企业的大目标融合个人的小目标，引导小目标融入企业的大目标之中，形成一个理想上的共识，在共同理想的基础上产生共同目标，激励全体员工为企业目标而奋斗。

（2）**以系统配套原则建立培育企业精神的系统工程**

企业精神既然是企业的主导意识，必然要求企业领导以决策和组织实施等手段使之贯穿于理论宣传、思想政治工作、生产经营的全过程，并不同程度地在经营哲学、经营战略、职业道德和作风建设诸方面发挥主导性作用，从而构成全方位培育企业精神的系统工程建设，显示出企业精神在生产经营活动中"看不见的手"的价值。但现在的问题是，有些企业违背系统配套的原则，培育企业精神工作"单打一"，只要其他工作任务一来，就实行"中心"转移，看不到企业精神所反映的主导意识可以渗透、延伸到企业行为和观念的深层结构中。实际上，借助这些行

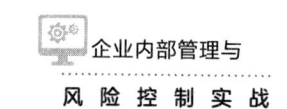

为和观念的辐射，可以深化企业的各项工作。

（3）以突出个性原则提炼企业精神凝聚力的方向和作用点

企业精神的提炼，既不能与别的企业雷同，也不能与企业自身实际不符，这就要求在提炼企业精神时，要对企业的性质、规模、历史与前景、环境与人文等进行全面的研究、分析。企业精神的个性特色源自企业所处行业的特殊点、经营管理的成功点、参与市场的优势点、优良传统的闪光点、员工心理期望的共识点以及企业未来发展的目标点等，要着眼于突出企业个性来提炼企业精神。

（4）根据企业内部条件和外部环境的变化，适时调整企业精神的主攻方向和作用点

企业是与外界不断交换物质和能量的开放系统。每当企业处于质的飞跃或蜕变的转折时期，与经营目标、产品等密切相关的企业精神，都应该提前调整其主攻方向的作用点。这种质的代谢，使企业精神补偿了新的精神能量，否则，企业精神以不变应万变，就会产生副作用，在一定程度上成为阻碍企业发展的思想障碍。为了避免这种情况的发生，企业必须根据不同历史时期的客观需要，调整企业精神的内容，促进企业发展实现质的飞跃。

七、企业精神的命名

企业精神的命名是企业精神提炼的必然结果，企业精神命名的完成，意味着企业精神的正式诞生。一个好的企业精神无疑会经常激励人们艰苦奋斗、开拓进取、精诚团结、忘我工作。作为一个企业，企业精神是必不可少的，无论是大型企业、中型企业，还是小企业，为了长久的生存和发展，都在潜移默化地形成和塑造着自己独特的企业精神。而企业精神内涵的表达是否传神、准确，这不仅取决于思维的力度，也取决于文字表达的功夫。因此，企业精神的命名要体现实、准、新、特，富有

第二章
企业文化的塑造

个性,下面分别加以阐述。

实:塑造企业精神的目的在于提高广大员工的凝聚力、向心力,增强员工爱企业、爱岗位的自觉性,所以企业精神必须贴近企业实际,不可以照抄照搬,千篇一律,要有针对性地提炼企业精神,否则企业精神就会显得平淡无味、苍白无力。

准:企业精神要形象、具体、准确。唯有形象化和准确地提炼、塑造企业精神,才易于被人们接受和记忆,才能对员工起到生动的鼓舞作用。提炼企业精神应抓住企业群体意识的精华和企业价值观的核心。如大连市燃料公司把公司成立40多年的优良传统和作风总结归纳为:"燃烧自己,温暖他人;艰苦奋斗,开拓经营。"这样的企业精神既形象地体现了燃料战线员工像燃烧的煤一样发热发光,为千家万户送温暖的无私奉献精神,又反映出在艰苦环境中节俭持家,在改革大潮中勤奋开拓的创业精神,可谓准确到位。

新:就是要敢于创新。雷同化的企业精神没有个性功能,表现不出企业独有的魅力。在现代多元的社会中,企业必须敢于追求个性化、差异化才能脱颖而出,并求得进一步的发展。

特:企业精神的概括、提炼,要体现共性与个性的统一,不求其全,而求其有特色。企业精神要反映本企业的特点,以求深入人心,独树一帜,把员工紧紧地团结在企业的麾下。如老字号"同仁堂"的"济世养生"精神,"炮制虽繁必不敢省人工,品味虽贵必不敢减物力"是很有特色、有文化个性和魅力的。

为什么说企业精神要有自己的个性呢?

企业精神个性是指一个企业区别于其他企业的精神特质。企业精神具有共性的一面,同时也具有个性的一面。一种企业精神之所以能够形成和生存下去,就在于它蕴含着特定的思想内容和精神特质。这是企业具有凝聚力和向心力的精神支柱。每一个企业作为独立的经营者和生产者,都应从本企业实际出发,构建和发展具有自己个性特征的企业精神,

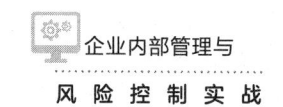

体现企业的特色。企业精神的个性特点，是由企业自身的所有制、生产技术、产品性质、经营规模和管理风格的特殊性所决定的，是企业自身矛盾特殊性的客观反映。企业精神个性对于企业的存在和发展有着极大的影响，企业精神个性突出体现了企业的精神风貌，使企业群体的表现心理得到充分发挥，饱含了企业全体成员的思想感情，从而使员工受到激励、鼓舞和鞭策，能够团结一致地为企业的繁荣和发展而奋力拼搏。

八、企业精神的制约因素

企业是社会的经济细胞，处于社会各方面的包围之中，受到来自各方面因素的影响。因此，企业精神的内涵与实质的确立，企业精神的培育与形成的全过程都要受到内外因素的影响和制约。影响企业精神的诸因素中，主要有社会的、企业内部的及企业家个人的等。

1. 社会诸因素

企业是一个开放的系统，它不能脱离社会环境而存在，要塑造良好的企业精神，就必须认真分析影响企业文化生成的因素，包括经济、政治、人文等要素。

社会大环境中的经济因素对企业的制约力最强。这是因为企业是社会的经济实体，企业直接参与社会的经济行为、经济运转，因而社会的经济因素，如经济模式、生产力状况、生产关系的性质、科学技术的水平、经济政策、经济法规等都直接影响企业精神的内涵与形成。企业精神应该从正面反映经济发展的需要，为经济的发展推波助澜。如在经济全球化背景下，企业精神一定要反映国际大市场经济所特有的竞争观念、质量观念、规则观念、服务观念等；随着科学技术的发展，对知识、人才重视的思想也日益渗透到企业精神中。

社会中的政治因素对企业精神有非常重要的影响。国家政权、法律

第二章
企业文化的塑造

以至高无上的权威要求企业遵守、服从。任何企业都必须维护国家的统一，捍卫国家的尊严，遵守国家的法律。国家的政治制度以强制性的法律形式约束、指导、规范着企业基本的经济行为。所以，不同的政治制度对企业精神具有不同的影响，决定着企业文化的不同方向。

社会的人文条件，如文化传统、民众心理、世风民俗等因素也或多或少地影响着企业精神的塑造与形成。在不同社会文化背景下成长和生活的人，各自有不同的价值观、信仰、行为规范。中华民族传统中的亲和意识、整体观念等潜移默化地渗透到企业的经营思想、价值观中，对企业精神产生着影响。

2．企业内部诸因素

企业精神是个性化的时代精神，直接来源于企业的实践，带有企业的个性化特征。

企业精神首先与企业的行业特点密切相关。生产型企业的企业精神势必突出质量，服务型企业的企业精神大都强调真情。其次，企业精神与企业的传统有关，即企业传统的性质、作用力大小会影响企业精神的内容与作用。好传统、好作风的积淀直接为企业精神提供了丰厚的精神食粮，铺垫肥沃的土壤。第三，企业员工的素质直接影响企业精神。企业精神说到底是企业员工精神世界的整体写照，高素质的人才能有高层次的追求。只有具有高层次追求的需要，才能提炼出高品质的企业精神。除此之外，企业的管理结构、人际关系等都影响着企业精神的特点和作用。

3．企业家个人因素的影响

企业精神是时代精神与企业实践相结合的产物，但也与企业家个人的作用分不开。卓越的企业家在企业中既是卓越的管理者，又是员工的精神领袖。他以自己的新思想、新思维、新的经营理念取向来指导和培

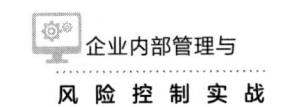

植卓越的企业文化。企业家不仅是企业精神的主要倡导者，而且是整个企业文化建设的总指挥。从一定意义上说，企业文化就是企业家文化。许多闻名遐迩的企业精神也不失为企业家个人的杰作，折射着企业家个人的品质及人格特征的光彩。企业家的思想品质、认知能力、管理水平、组织能力、对企业目标的理念、道德素质及人性品格等都以其独特微妙的方式影响着企业精神。

企业精神是综合因素共同作用的结果，诸因素之间也是相互联系、不可分割的，在理解企业精神的制约因素时，要有全面整体的观点。

※ 企业价值观

一、企业价值观的含义

企业价值观是以企业为主体的价值意识体系，是指企业在追求经营成功过程中所推崇的基本信念和共同目标，是企业在生产经营活动中，经过价值选择活动而形成的为企业广大员工一致赞同的关于企业含义的终极判断，它反映着企业对其生产经营和目标追求中价值关系的基本观点。以企业为主体是企业价值观的基本特征。一般说来，企业价值观是一个面向市场而形成的价值观体系，它包括着一系列与市场机制有关的价值观，如以人为本价值观、完美服务价值观、最大利润价值观等。这些价值观对于所有企业都是十分重要的，但这并不意味着每个企业都需要将它们并列地纳入到自己的价值体系中，每一个企业都可以根据本企业的历史传统、企业现状、行业特点、经营特点、员工素质，将一般性的价值观具体化为本企业的价值观。在一个具体的企业中，价值观是一个有层次的体系，它由企业的核心价值观和外围价值观组成。从表现层

第二章
企业文化的塑造

面上看，它由文化层面的价值观和表层的、生活层面的价值观所组成。企业价值观是企业精神文明主体结构和企业文化大厦的基石。

二、企业价值观是企业文化核心

企业价值观是企业精神文化的核心。由于企业精神文化在物质文化、行为文化、精神文化所组成的整个企业文化中处于核心地位，所以企业价值观在整个企业文化中也处于核心地位。它不但贯穿于精神文化的各个方面，而且也贯穿于整个企业文化的各个方面。它集中体现了企业文化，特别是企业精神文化的作用，是企业活动的灵魂，它可以渗透到企业一切规划、决策、计划、措施和行动之中。企业价值观是调动企业员工内在积极性和创造性的精神动力源泉。企业价值观及建立在它基础上的企业理想、企业信念等精神因素在为企业员工所认可和接受的情况下，可以唤起广大员工强烈的归属感和自豪感，激发出他们的工作热情和创造性。企业价值观是发挥企业凝聚作用的核心，作为企业全体员工的共同、一致的价值观，它可以产生巨大的向心作用，增强员工的集体意识，使他们把自己的思想、情感、行为与企业需要联系起来，进而打造成一个同心同德的集体。

三、企业价值观是企业的灵魂

企业价值观作为企业员工对本企业存在发展的目的、意义的认识和评价以及反映在生产经营活动中的精神境界、理想追求和思维标准，它对企业宗旨、目标、方向、方针和思维方式、行为规范都起着决定性作用。它为企业的生存和发展提供了基本方向和行为指南，展示了企业的基本性格和经营宗旨，为员工形成共同的行为准则奠定了基础。企业价值观又是企业进行总体设计、信息选择的综合标准，决定着企业的经营

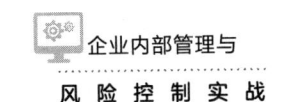

政策和战略目标，它是企业兴衰的关键，是企业的灵魂。

在社会主义市场经济条件下，企业是市场的主体，是相对独立的商品生产者和经营者，这决定了企业必须要按照这一属性来塑造自己的形象，求得经济效益和社会效益相统一的最佳形象。如上海新世界百货商场以"人无我有，人有我多，人多我好，人好我学"为经营小商品的方针而扬名。这样的价值观既兼顾了社会效益，又提高了企业利润。合资企业深圳中华自行车股份有限公司能够在短期内成为世界最大的自行车出口制造厂家，其成功秘诀之一，就是"从实际出发，努力建设优秀的企业文化"。公司领导高层强调，观念落后是我们企业的最大敌人，不改变人员观念与心态，不提高管理的水平将事倍功半。他们很重视用企业存在的价值和企业的价值观来激发员工的奉献精神，在员工中倡导一个共同的信念——作为一个生产者，我们应该使所有消费者都因为使用我们的产品而得到乐趣。他们把企业的素质推上高层次，将产品销售到世界各地，让世界上更多人知道中国制造的产品是优秀的。凭借这样的价值观，该企业每年都有新的发展。

四、企业价值观的类型与结构

企业的价值观是由多种因素复合而成的。这些因素在系统中的地位、表现特点、作用机制各不相同，但又相互联系、相互制约。

从重要性和层次结构的角度看，企业价值观可以分成主导价值观和非主导价值观。前者为企业中占据主流地位的一些价值观，后者为占据非主流地位的价值观。在主导价值观中，又可分为核心价值观和非核心价值观，核心价值观是企业最重要的价值观。企业价值观体系就是这样一个以核心价值观为中心而组成的一个有层次的结构，其中核心价值观居于支配地位。

从表现上看，企业价值观可以分为理性的、深层次的价值观和感性的、表层的价值观。前者指那些抽象的价值信条，后者指那些在日常行为中判断是非、好坏的标准。表层价值观体现着深层次的、理性的价值观，是整个价值观的外层和外围。

从内容上看，企业价值观可以分为动力型观念和压力型观念。前者以经济效益为中心，包括市场观念、质量观念、成本观念等，其作用特点在于可以从内部驱动企业员工的工作积极性；后者以竞争观念为中心，包括科技观念、信誉观念等。二者是相互渗透和依赖的。

在现实中，企业价值观往往既有正面的价值观，也存在一些由各种因素造成的负面的价值观。只有让正面的价值观占据主导地位，才能发挥企业价值观对企业的促进作用。

五、企业价值观的功能

由于企业价值观在企业精神文化和整个企业文化中处于核心地位，所以它集中体现了企业文化，特别是企业精神文化的作用。它是整个企业文化系统，乃至整个企业经营运作、调整控制与实施日常管理的文化内核，是企业生存的基础，也是企业追求成功的精神动力。

企业价值观能产生凝聚力，激励员工释放潜能。企业价值观一旦为企业员工所认可和接受，便可以唤起广大员工强烈的归属感和自豪感，激发出他们的工作热情和创造性，并产生巨大的向心作用，增强员工的集体意识，使他们把自己的思想、情感、行为与企业需要联系起来，共赴企业的顺逆、成败，企业即我，我即企业。企业活力来自企业的整体力或合力，合力越强，激发出的活力就越强。

企业价值观是规范企业行为的内在标准。价值观的认同对员工行为是一种无形的约束，它提供了一个内在尺度。它虽然不像制度那样具有外在的强制性，但作为一种内在思想原则，其规范和约束作用更为持久和有效。

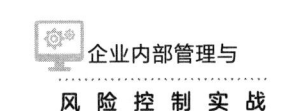

企业价值观是企业内部协调和沟通作用的保证。共同的价值观可以产生共同的行为目标、行为准则，从而建立良好的人际关系，消除不必要的矛盾，创建一个关系融洽、气氛和谐的环境，从而产生最大的协同促进作用。

企业价值观的作用以科学价值观的确立及被企业员工接受为前提。企业价值观，特别是企业核心价值观被企业员工理解掌握得越深入，其作用也就越有效和持久。因此，只有在理论与实际相结合的基础上反复学习与宣传，令其成为全体员工的共识，才能使企业价值观真正在员工思想深处扎根，并自觉地用以指导自己的行为，成为具有长期稳定性的、甚至是几代人共同遵循的信念。

六、企业价值观的培育

1．企业价值观的培育过程

企业价值观的培育过程是企业引导、培养、形成自身价值观的过程。这是一个由企业家发起的、有广大员工参与的、循序渐进的过程。

企业家是企业文化和企业价值观的发起者和倡导者，企业领导要以身作则，言行一致，恪守自己提倡的价值观。企业家关于企业价值观的认识程度是树立价值观的基本前提条件。企业家只有具有建立本企业价值观的强烈愿望，并从实际出发摸索其基本规律，才能为企业价值观的培育创造出最初的契机。在企业价值观培育的整个过程中，企业家应该始终处于主导地位，引导这一过程沿着正确方向逐步深入。所以，企业家本身的文化素质对于企业价值观的选择与确立至关重要，甚至是决定性的。

广大员工的积极参与是培育企业价值观的关键环节，他们既是企业文化建设的主体，也是企业文化发挥作用的基本力量。离开了他们，就不可能有正确而有效的价值观。

第二章
企业文化的塑造

企业价值观的培育是一个由浅入深、由模糊到明确的过程，不可操之过急，欲速则不达。从实际出发是培育企业价值观的基本指导方针。企业的历史及由此而形成的传统、企业的行业特点、企业员工的构成特点和基本素质、企业的环境条件等，都是必须考虑的基本因素。企业价值观的培育是一个选择与培育相结合的过程。在企业面前存在多种方向，对不同的价值观，企业应该从中进行筛选，寻找那些适合自身需要的价值观，这是一个总结与提炼的过程，也是一个培养与完善的过程。企业价值观的培育又是一个引导与灌输相结合的过程，在形成企业价值观的同时，也要将其逐步灌输到员工的思想中去，使企业价值观形成的过程也成为其发挥作用的过程。

2．企业价值观的确立

企业价值观的确立是指企业价值观系统建设的完成。经过一定时期的探索、培养和总结，企业价值观会逐渐成熟，这时就需要将其形式化，使其在内容上和表达上都明确和固定下来，这就是企业价值观的确立。

企业价值观确立的内在标志，是企业核心价值观的明确化以及围绕它所形成的价值观系统的明确化。其外在标志是企业价值观口号、企业精神口号的确立。更重要的是，企业广大员工对企业价值观的认可和接受，这才是企业价值观真正确立的最终标志和保证。

明确企业价值观的确切表达形式是企业价值观确立的集中表现。一般说来，运用简单明确的语言将企业价值观准确而深刻地表述出来，不仅使价值观获得了成熟的表达方式，而且有助于它的宣传与运用。这一表述方式的完成不但要进行多次的语言推敲，而且应该经过自上而下和自下而上的领导与群众相结合的多次讨论。

企业价值观的确立是企业文化建设成熟的标志，它标志着企业精神文化建设由形成阶段向推广阶段的转化。此后，企业文化建设的重点便

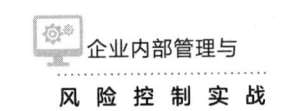

转向企业价值观的宣传、普及、落实等方面的工作,达到运用它促进企业各项事业发展的阶段。

我们必须认识到,企业价值观是一个动态的发展系统,它需要不断地完善和变更。因此,企业价值观的确立,并不意味着这项工作的完成是一劳永逸的。随着企业的发展,企业价值观需要不失时机地重新确立。

确立企业价值观是一项内容浩繁的系统工程,它要求企业必须遵循员工和群体的心理活动规律,正确处理企业内部因素与外部环境、企业整体与员工个人、企业与社会、传统文化与时代精神、现实与未来等一系列关系,精心培育,升华提炼。

※ 创新企业文化,创建学习型企业

信息化时代的企业自上而下的每个"毛孔"都必须充满着创新,通过自身主体创新的确定性来面对明天的不确定性。

今天的企业必须具备两个本领:适应变化的生存能力和创造未来的发展能力。而提高这两个能力,首先要进行企业文化的创新。

一、建立适应竞争的创新企业文化

经济全球化为企业传统竞争力带来了较大冲击。生产的柔性化、营销的国际化、竞争的联盟化、网络的生态化、规模的多极化、企业的虚拟化、服务的全球化、品牌的国际化、信息的高速化、创新的持续化,这些都要求企业竞争战略摒弃原有的传统竞争力,必须在以全球市场或区域为基础的平台上思考问题,从而把握未来的竞争态势。尤其是当企业面对突如其来的经营环境的巨大变化,面对着用新产品、新技术、新

第二章
企业文化的塑造

战略、新文化武装起来的竞争对手的时候，如果不能迅速做出反应，甚至无力巩固市场，不能做出适应性的变化和创新性的战略决策，那么只能不打自败，眼睁睁地看着市场被占领。

一个实力永存、经营永续的企业，必定是一个适应竞争环境而不断创新、培育自己核心竞争力的企业，是一个顺应形势、与时俱进、不断创造新文化的企业。"短命"企业之所以存在，是由于一些企业仍在低层次管理、低水平文化上徘徊，缺乏创新竞争力。美国著名企业文化专家沙因在《企业文化生存指南》中指出：大量案例证明，在企业发展的不同阶段，企业再造是推动企业前进的原动力，是企业的核心竞争力。纵观世界知名企业，其长盛不衰的秘诀决不仅仅是优质的产品、灵活的销售，而更重要的是深厚的文化底蕴、创新的文化理念和优秀的服务文化。因而，中国必须加速企业文化的创新步伐。

二、管理经验的贬值速度加快

企业管理的经验固然是企业制胜的法宝，但管理经验不是神丹妙药。托夫勒在AT&T提供的咨询报告中注意到经验的危险性，他提出：昨日的成功将是明日的毁灭，没有比昨日的成功更危险的东西了。有的经验不是一用就灵，随着时间的延长、环境的变迁，过去的经验可能成为我们前进的桎梏，正值而转化为负值，他人的经验拿来复制可能会造成致命的损伤。没有绝对的经验，只有绝对的创新，没有肯定的东西，只有否定之否定的前进。唯一不变的宗旨就是永远在变。日本一位管理大师说过：在唯一能够肯定的东西就是什么都不能肯定的经济世界里，保持竞争优势的唯一源泉就是知识。也就是说，在经济世界里没有绝对肯定的东西，所有东西都在变化。要应付这种变化，唯一的方法就是不断去学习。

因而，激活文化、创新文化无论何时何地都是企业不变的追求。

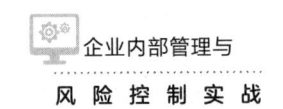

三、速度竞争需要企业文化快速创新

21世纪是一个速度竞争的世纪，在瞬息万变的竞争中，不再是大吃小，而是快吃慢。因为产品的寿命周期越来越短，研制的时间越来越紧，复制一种新技术的速度越来越快，独占技术垄断市场的时间越来越短，有的技术开发投入巨大人力物力到头来颗粒无收，有的刚研发一种新产品，还未投入市场就得宣布它"寿终正寝"。谁最先发现潜在消费者，又能灵捷地开发，快速地制造，谁就能赢得时间，以比竞争对手更快的速度实现产品的价值。因而，要快速创造精品，快速回笼资金，快速实现规模，快速打造品牌，就必须要有创新的模式、创新的文化，使企业灵活有效，变得更加优秀，才能保持企业的锐气和实力。

四、创新型经济呼唤新型企业文化

知识经济时代，科学技术的研究开发日益成为知识经济发展的关键，创新成为经济增长最重要的动力。以知识为基础的创造系统中，知识将取代劳动力、原料、资金而成为最重要的资本，谁拥有知识，谁就拥有更多的主宰权。因而，社会经济的发展以创新为灵魂和原动力，企业经营的生命在于创新。唯有全面创新的企业文化，包括管理创新、制度创新、决策创新、知识创新、技术创新，形成一种持续创新的机制，才能保持持续发展的势头。

正如企业文化理论的奠基人——劳伦斯·米勒指出的那样："未来将是全球竞争的时代，今后的世界500强企业将是采用新企业文化和新文化营销策略的公司。"未来的企业文化将是综合的文化，是吸收了最开放、最前卫、最优秀的现代文化而形成的。同时，也正如企业文化理论又一奠基人汤姆·彼得斯和罗伯特·沃特曼在《追求卓越》一书中写道的那样："我们定下杰出公司的标准是不断创新的大公司。"

第二章
企业文化的塑造

五、21世纪管理变革需要企业文化创新

21世纪的企业，无论从组织结构到管理模式，都将发生巨大的变化，传统的金字塔式的组织架构将黯然失色，企业组织将向更具活力、更加灵捷的扁平化、网络化、弹性化、虚拟化和联盟化发展。企业的管理经营模式也将发生系列变革——从集权到分权，从机械管理到人本管理，从生产导向到消费者导向，从细密分工到流程再造，从对手竞争到互利双赢，从刚性管理到人文关怀——从而推动企业迅速发展。

尤其随着企业管理实践的步步深入，西方管理学界又提出一种新的管理思想和管理方法手段，即价值管理。詹姆斯·A.奈特出版的《基于人的价值的管理》中说，价值管理是使公司的管理人员集中于公司的战略制订，提高管理人员的凝聚力，获取更高价值的一条途径。在这一管理中，企业要对其追求的价值做出清楚的界定，以此确立企业上下行为的依据，确立企业的灵魂。奈特还说，价值管理，不仅要求管理者确立以价值创造为前提进行决策的理念，最重要的是把这一理念融入日常管理和决策的实践中。

扎柯尔认为："若能创造性地应用价值创造整体模式解决实践中的问题，员工就能从多角度理解价值创造，这对于企业的成长和成功至关重要。"而价值的创造过程实质就是企业文化的创新。企业价值观、企业核心价值观是企业文化的核心，如知识型的价值取向、以客户为中心的价值观念、个性化与团队精神、新集体主义、竞争合作双赢、为社会奉献、与自然协调、可持续发展等新价值观的确立与企业文化的创新与学习型组织的建立都迫在眉睫。

六、创建学习文化与学习型组织

未来真正出色的企业，将是能够设法使各阶层人员全心投入，并有

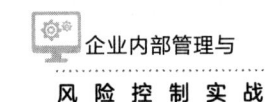

能力不断学习的组织。

　　法国科学家约翰·法伯就曾做过一个著名的"毛毛虫试验"。他把若干个毛毛虫放在一只花盆的边沿上，让它们首尾相接围成一圈，在花盆周围不到六英寸的地方，撒了一些毛毛虫爱吃的松针。结果毛毛虫们一个跟着一个，一圈又一圈不停地绕着花盆转，直到几天几夜后，很多毛毛虫因饥饿和精疲力竭死去。其实只要任何一只毛毛虫爬出队列，便立即可以找到食物，生存下来。法伯发现，毛毛虫有一种"跟随"习性，总是盲目地跟随着前面的同伴走。其实人类在有些时候也会如此目光短浅，拒绝改变。

　　这个故事告诉我们，因循守旧、拒绝变革就会失去应变能力，从而被环境淘汰。学习、变革与创新才能带来活力，使人活得更好。成功者往往是那些不愿遵循传统游戏规则、敢于大胆创新、不畏风险的人。创新变成了企业的生命源泉，创造性和灵活性是最宝贵的资源，尤其文化的创新至关重要。文化本身具有惯性和持久性，如果企业建立的文化层次不高，缺乏与时俱进的先进性，多少年的传统无论是否适应发展形势都坚持不变，将会严重束缚企业发展。海尔文化在创建过程中始终坚持创新这个不变的主题，他们不仅注重挖掘自身优秀文化底蕴，发扬中华民族优秀儒学文化的精华，同时注重吸纳美国、日本、德国等先进企业的优秀文化，兼收并蓄，博采众长，尤其他们将企业员工作为主体，让他们广泛地参与到企业文化的创新过程中来，激发他们的无限潜能，实现了群体创新的优势模式，由此塑造了海尔文化的团队精神。

　　海尔创建了海尔大学，建立了自己的学习型组织，他们将海尔创新文化涵盖到海尔产品、海尔品牌、海尔管理、海尔服务和海尔理念系统中。

　　一个成功的企业必然有成功的企业文化，成功的企业文化必然是创新的、具有活力的企业文化。因此，企业文化的灵魂是创新，企业文化建设要敢于突破原有认识模式和框架，将传统文化精华继承过来，在扬

第二章
企业文化的塑造

弃的基础上加以创新和发展极为重要。而创新企业文化必须要不断地学习，创建学习型企业，"将来最成功的企业将是一个学习团体，比竞争对手有更快的学习能力也许是唯一能保持的企业竞争优势"。而创新的起点在于学习，知识的吸纳依靠学习，环境的适应需要学习，应变的能力来自学习。正如彼得·圣吉《第五项修炼——学习型组织的艺术与实务》指出的："透过学习，我们重新创造自我。透过学习，我们能够做到从未做到的事情，重新认识这个世界和我们跟它的关系，以及扩展未来的能量。"

企业要将自己锤炼成学习型企业。学习型企业是最有能力学习的企业，是能够变革自我、创造自我、创造未来的企业。学习型企业的成员通过自我超越，可改善心智模式，可建立共同愿景，完成团体学习和系统思考的五项修炼，不断扩展创造未来的能量，培养全新、前瞻和开阔的思考方式，全力实现共同愿景。我们要树立以下理念：

学习本是人的天性，人的绝大多数的行为、知识和能力并非天生的本能，而是后天学习得来的。

学习行动胜过纲领，坐而论道不如行动，贵有躬行最重要，走出第一步，你才会知道改变自己所带来的好处。

一个人的生命在于学习，只有终身学习的人才能活出生命的意义，一个企业的生命在于学习，只有快速学习的企业才能永续发展。

不创新，就灭亡，学习能为创新带来动力，创新能为企业带来活力，创新是成功者最重要的品质。

变化会成为积极者的机遇和起点，变化会成为消极者的失落和不平，变化会为创新者找到适合自己的路，变化会为平庸者堵住前进的路。

学习型的个人是精熟自我超越的人，是终身学习不断创造未来的人，是能实现内心深处最想实现的愿望的人，是对待学习和事业如同艺术家精雕细绘全身心投入的人。

市场的竞争就是人的学习力的竞争，正如原美国通用电气公司首席

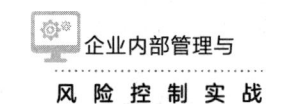

执行官所说，我们很快发现，多元化公司成为一个开放的不断学习的组织是至关重要的，最终的竞争优势在于一个企业的学习能力，必须迅速地吸收所学到的新知识并在实践中加以运用。

学习型组织的领导者不再是单纯的管理决策人，而是整个组织的设计者和教育家，为实现共同愿景，应促进每个人的学习；适应环境的改变，要走出久已习惯的生活，享受变革与冒险；一个缺少共同愿景、价值观与使命的组织，必定难成大器；创新是一种能力，更是一种精神和勇气。

第三章
人力资源管理

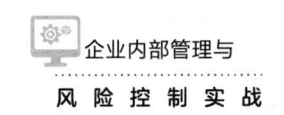

※ 企业用人的基本原则

"人才是企业最重要的资本",这是现代管理者的共同认识,但如何使用人才,怎样才能让人才以一当十,以十当百,则成为管理者不断思考的问题。

不同的企业有着不同的用人标准与原则,但是如果把这件事视为人类社会现象来看的话,其实有很多的基本原则都是有迹可循的。

一、德才兼备

企业在用人时,这是一条首先要考虑的原则,一个光有能力的人不能称为人才。很难想象,一个道德败坏的人身居高位能带领企业走向成功。国内外很多著名的企业在用人时都很注重"德"。

三星集团是韩国最大的财团之一,它在选人用人上有一套严格的把关制度。比如,在招聘笔试时特别设置了一套心理测试题,通过应试者的心态等来考察一个人的生活态度,折射出其心理品质。

同时,他们更偏重于面试,通过面试来考察一个人的品德与能力。面试中测试品德的题目占的比重很大,而且三星集团每次进行面试时,前任董事长李秉哲都要亲临现场。

三星集团如此重视面试,目的是保证能招聘到真正的优秀人才。

二、扬长避短

所谓扬长避短,是指在用人中,要注意识别使用对象的优点与缺点,尽量用其"长",避其"短",使人尽其才,才尽其用。

企业管理者在管理过程中,要大胆用人所长,以其长为主,而不必太在乎其短处，因为十全十美的人在现实中很少有。员工有一些小缺点，只要不影响他发挥长处，就可以大胆使用。

松下幸之助有一句话："以七分心思去发掘优点，用三分心思去挑剔缺点，就可以达到善用人才的目的。"

当然，避人所短，容人所短并不是说让人才把自己的缺点掩盖起来，而是要采取一些方式及手段，让他们不断完善和超越自己，使长处更长，短处更短。

索尼公司是这方面用人的成功范例。

> "知人善任，人尽其才"是索尼用人的重要原则之一。公司中多次担任重要课题负责人的木原信敏，本是个沉默寡言的人，但他生性勤奋，对新事物反应很快，而且有一种不到达目的决不罢休的精神。在刚从总裁井深大那里听到有关磁带录音机的描述时，他就动了脑筋：听说是闪着茶色光泽的磁带，木原便猜想到肯定用了氧化铁。
>
> 于是他自己动手寻找制作方法。见到录音机实物展示后，进一步燃起了他向未知领域挑战的欲望。井深正是相中了木原的这一性格特点，于是，委婉地把足以激发其好奇心的磁带研制任务交给了他。令井深万分惊讶的是，木原第二天便拿出了刚刚制出的磁带，井深不得不佩服，木原拿出的磁带比预想的要好得多。所以，井深和盛田将这个大学毕业不到两年的年轻人提拔为主任研制员，以充分发挥他潜在的创造才能。

三、量才而用

这个原则的基本思想是：在人才的使用上，必须依据人才自身的素质及能力，把他们放在与其能力要求相对应的岗位上及职位上，只有这

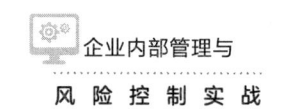

样，才能充分发挥人才的作用。

人才的特长不同，水平也有高低之分，所以要量才而用。把有技术专长的人放到技术岗位上，把技术熟练但文化程度低的人放到生产一线，把应变能力强、有经商才能的人放到销售岗位上，使企业的全体人员都能人尽其能。

当然，要做到量才而用，首先要做到知人，否则，就会造成"大才小用"，浪费人才；或"小材大用"，令其不堪重任。

把恰当的人放在最恰当的位置上，这是台塑集团的用人原则。新进入台塑集团的大学生（包括老板王永庆的亲属），必须到工厂进行定期培训，他们被安排在艰苦的工作岗位上锻炼，经过一段时间的考察，每个人的才能得到充分表现后，台塑集团再根据每个人的具体能力，分配给他们最适当的工作。在工作中，若发现员工有不适合职位的，则予以迅速调迁，使其发挥所长。

正因为台塑企业有可行的量才而用、适才适用制度，才使它的人力资源得到了最大化利用，降低了人力成本。

四、充分信任

用人不疑，疑人不用。对人才一定要"信而不疑"，选定了就要大胆任用，不要因为一些小节问题而持怀疑态度。

用人不疑，首先要放开手脚让下属干，既然信任下属，给他以重任，就应当放开手脚，让他充分发挥自己的主观能动性，把事情办好。不要在上面乱指导，让手下无所适从，更不能开始对他赋予重任，而后又自己什么事都一手操办，让下属无法施展才能。

用人不疑，其次就要将心比心，从各方面为下属着想。人的观念是不同的，下属在接受工作任务后，也许会有很多不同意见及想法，这时

第三章
人力资源管理

千万不要自以为是，要求下属与你保持一致，这是不明智的，应是理解他这样做自有其道理，只要能完成任务就行了。

本田公司内部基于用人不疑、充分信任的原则，实行充分授权的方针。本田宗一郎通常不到总公司上班，签字盖章等大小事务都委托给副社长藤泽。本田公司在决定进入美国建厂之初，曾有人问过本田宗一郎："河岛社长的做法是否可行？"

本田宗一郎的回答是这样的："老实说，我本人并不清楚，在做事的可是河岛啊！不过，既然那家伙说可以，总没有什么问题吧。"

这里包含着本田宗一郎的经营哲学，即"这家公司，我已交给了河岛"。可见河岛受到本田的绝对信任，本田真正做到了用人不疑。

五、竞争用人

在用人中，如果大量使用近亲及平庸之人，会导致企业用人有失公平，挫伤人才的积极性、创造性，使企业缺乏活力。如果引入竞争机制，使人才不被埋没，都走上适合自己的工作岗位，实现人尽其才，企业才有可能快速发展。

大宇集团是韩国大型企业集团。在创业期间，大宇公司的管理人员多是一些亲朋好友，这种用人方式在开始时的确促进了大宇的发展。随着大宇的发展及壮大，这种方式已不能满足要求。于是，他们在用人上引入了竞争机制。在招聘上实行严格的筛选制度，要经过资格审查、笔试及两三次面试才能最后确定。

同时，在对待老员工上，大宇也严格实行竞争制，每隔一段时间，要进行业务考核，成绩好的，才能委以重任。大宇的这一套用人制度，不仅仅让它获了大批有德、有才、有识之人，还让员工保持着饱满的积极性及热情。

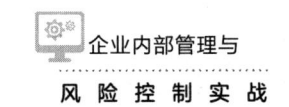

六、流动性用人

人挪活，树挪死。企业在用人过程中要注意在一定程度上打破部门壁垒，有针对性有计划地让人才作合理流动，让人才在各方面得到学习锻炼，在更广阔的天地里发挥作用，同时，这也是一种培养全面人才的手段。如果人才不能合理流动，在小环境里，容易让人才失去成长空间，使企业丧失活力。

在明确公司用人原则之后，公司要通过对各种工作的具体分析，清楚认识各类工作之间的联系，按照各种工作的特点及组织间内部联系，按照企业制订的各种工作规范和要求，来决定某项工作必须具备资格条件。

在这项工作中，最重要的是分析好各部门工作的特点，有针对性地提出要求。同时，要注意从最小成本原则出发，尽量控制不必要的岗位细分而带来的人浮于事。

在国内外很多企业中，在确定用人时，都要首先进行工作分析，形成工作说明书，制订出工作规范，形成一套有序的用人系统，在真正招聘员工之前做到心知肚明。

※ 招聘员工需注意的事项

招聘员工是吸引人才最重要的一步，在招聘员工中要做到几点：

一、吸引人们注意

公司要招到优秀人才，必须在正式招聘、挑选前让更多的人注意到

第三章
人力资源管理

公司并前来应聘，让公司有更多的选择机会。

一个公司要吸引更多人来应聘，除了发布招聘启事外，还要多加强与各种招聘机构如劳动市场、人才交流中心及高等院校的联系，还可通过互联网招聘平台进行宣传，增加人们对公司招聘信息的了解。

当然，公司也要采取各种手段，突出公司企业形象，增强感召力和吸引力。

二、公司高管参与招聘

在招聘过程中，公司高管要给予重视，因为挑选人才是企业能否走向成功的关键。如果由于招聘不当，使低素质的人进入公司，就会使公司进入人才挑选的恶性循环，低素质人就会进入企业各个部门。

正是由于此，一般企业领导都很重视招聘。

很多大公司在招聘到最后一关时，几乎都是当地公司老总亲自面试，进行最后定夺。

微软公司——这个世界软件巨人在招聘人才时很重要的秘诀之一就是，公司高层领导参与招聘。

不难想象，如果高层人士对招聘漠不关心，那么其他人就更不会重视招聘工作，也就不可能招聘到优秀的人才。

三、注意了解应聘者的工作经历

对于应聘者的情况，应有一个详细的了解。首先，这可从应聘者的简历中得到较详细的了解。当然，在书面个人简历中可能会出现一些造假情况，这就需要招聘人员加以分析考虑。其次，通过面试，多角度提出问题来了解应聘者的能力。

在所了解的信息中，要注意一些细节，特别要注意：

1. 跳过几次槽。跳槽过多的人往往眼高手低，很可能在你的公司里干不到几天就会走人。

2. 过去的工资水平。从应聘者过去的薪水中可了解其是否在一个较高的职位工作过，或者坦负过重要的职责。尽管行业不同，薪水或许会有很大差距，但在同行中还是有一个大致标准。

3. 有无虚假职位。有一些应聘者为了能在新单位取得一个好职位，在个人情况介绍时，可能会介绍假情况及虚拟假职位。此时，可对他多加询问，以确知其是否对其职位有真正的了解及是否有经验，一般来说，一个没有真正干过某项工作的人，尽管会有一些准备，但还是会在面试时露出马脚的。

当然，在了解这些必需的信息时，不能太求全责备，毕竟，应聘者的经历并不一定会与你公司要求的职位处处相符。

深圳华为公司在招聘时，都会给应聘者一张详细的表格填写，以备了解应聘者的详细情况，同时在面试时招聘人员不会放过任一个细节，对应聘者进行反复、详细的询问，以了解、验证应聘者的具体情况。

微软公司在招聘时，都会通过联机检索，搜集有关信息。他们编有一个程序，负责统计一些数据，从这些数据结果可分析应聘者是否具有较高计算机技能并将其列为招聘对象。

4. 注重各种测试。在招聘中，光注意一份简历是远远不够的，要注意从多方面来测试应聘者的各种素质。

在测试中，可采取笔试与面试。笔试中，包括智力测验、性格测验、职业适合性测试等。在中国的很多外企，还特别注意智力及语言测试。国内企业的港资企业和台资企业招聘中，往往会有一些智力测试题来检测智商情况，美国、日本等企业则偏重于语言测试。宝洁公司招聘时，从填表到面试基本上都要进行英语测试。

面试是应聘者与招聘者相互关注的形式，是招聘者了解应聘者、应聘者了解招聘者的一条重要途径。面试，要有针对性，招聘者可据自己

第三章
人力资源管理

想了解的方方面面作具体详细的了解，了解他的反应能力，了解他的为人……这些都很难在简历中反映出来。

微软公司很重视面试时测试刚毕业的大学生的各种素质。他们在招聘时常常会问"为什么下水道井盖是圆的"，或者"如何算出每天有多少水流过密西西比河"等诸如此类问题。之所以这样提问，其实并不是想得到"正确"的答案，而是想看看应聘者能否找到最好的解题方案，看看他们能否创造性地思考问题。除此之外，还想知道他们是否具有很强的可塑性。

在今天这个时代，时时处处都在发生日新月异的变化，保持学习很重要，每个人都要不断学习新的知识。比如，微软公司在招聘中常常在上午教给应聘者一些新知识，下午则会提出相关问题，通过面试，看看他们接受掌握新知识的能力如何。

※ 慧眼识英才

通过前面的招聘，招聘人对应聘人有了一个大概了解，此时就要考虑其中是否是最适合公司的人才。

一、在不同的部门，有不同的用人要求。

1．营销部门

营销员的选择对企业公司来说是非常重要的事，特别在当今社会，以销定产已成为主流，营销员素质的高低决定着企业的生死存亡。一般来说，选择营销人员，首先要求其待人热情，性格外向，有较强的交际能力，但这类人有一个较大的缺点——不稳定性大，要求较高。这类人员要求有很强的责任心，要把提升业绩作为自己的奋斗目标，同时，为此甘愿吃苦耐劳。另外，最需要的是对企业忠诚，不能朝三暮四，因为培养一名合格的营销人员是很不容易的，要是没有一定的忠诚心，会给企业造成较大的损失。

2．研发部门

在研发部门，就需要选择那些勤于思考、专注钻研、理论水平较高的人。这类人有静心于科研的嗜好，只要给予良好的环境，就很容易做出成绩。

3．生产部门

生产部门一般应选那些老实忠诚、忠于职守、尽心尽责的人。

4．管理部门

管理部门应当选用那些富有系统观点，有较强组织能力及良好人际关系的人。管理是企业的大事，管理质量的好坏，对企业效益有直接影响，因而在选取管理人员时，领导必须慎重从事。具体来说，有下面一些类型的人不宜做管理人员：

（1）不能正确评估自己；

（2）思想保守，缺乏创新；

（3）情绪不稳定，不能正确控制自己；

（4）在员工前没有威信，与员工关系处理不好；

（5）提倡享乐主义，不能吃苦在前；

（6）缺乏责任心，不愿承担责任。

成功的企业，在选人上都是极其严格的，特别是在业务部门的人员配置上要求更高。

西门子公司一直认为"只有适当的人在适当的岗位上才能创造出伟

第三章
人力资源管理

大的事业"。在选人时，注重各类型人才相结合，它非常重视工程技术基础，车间主任以上领导人员不仅要有一定的管理素质，还要具备良好的技术基础，他们大多有工程师头衔，经理级领导层中工程技术人员占40%以上，熟练工人占全体职工半数以上。

这样组织的好处是各部门的人都熟悉自己的业务，容易发现问题并找出症结所在。此外，这也有利于公司的创新。西门子公司之所以在电气行业一路领先，就在于它不断创新，每年申请大量的发明专利，没有雄厚的技术优势，这是不可想象的。

所以，管理西门子公司的核心高管人员必须是具有博士头衔的技术专家和经营管理能手，而且，几十年来，公司先后培训熟练工人数十万名，有数千名熟练工人被送到科技大学和工程院学习，目的就是使这些人成为本职工作的行家。

二、不同时期选择不同的人才

1. 在企业发展初期，应当选择一些有创新能力、踏实肯干、吃苦耐劳的人。

在创业初期，由于企业环境极其不稳定，企业本身也极不稳定，而且企业中很多规章、制度需要制订，许多流程需要完善，市场需要打开，此时，对人员素质要求就很高，那种苦干创新，把创业当作自己事业的人无疑最适合。

2. 在企业成熟期，这时对人员素质的要求则偏重于忠诚度及有较好的平衡心态，比较善于处理各种矛盾。

3. 在企业走向衰退、面临困境、市场疲软、前景暗淡时，应当选用那些敢闯敢拼，具有开拓精神、创新精神，勇于担当重任的人，同时还要具有饱满的热情。

因为外部经济不景气，日立公司在1965年5月面临空前的大危机。某造船厂董事长袁君受日立公司董事会的委托，担任了日立公司董事长职务。

"一个造船厂里的人，怎么能使公司重整旗鼓呢？"大家对新任董事长没有什么好印象，更严重的是有许多重要的管理人员根本不相信袁君。

为了使日立公司的员工安心，袁君在致词时首先说："我并不是来霸占日立公司的，我只是来这里尽我的责任，做我的工作罢了。本公司人才很多，可惜他们都在睡觉！我为什么这么说呢？因为本公司的营业额一直徘徊不前，可见人才都在睡大觉。从今天开始，我希望每一个人都清醒认真努力地工作，不要怕失败。只要你们能尽力为公司服务，一切失败结果由我一个人来承担。希望你们都能尽力发挥自己的才能，为公司尽一份力吧！"

然后，袁君又鼓励职工们说："希望你们能尽量向我提出问题，当然，我也会提出问题并向你们挑战。"

袁君担任董事长当天，采取铁腕作风来处理事务，日立公司也由此而完全改头换面，充满了干劲和朝气。"挑战、奋斗"成了日立公司职员共同的口头禅。

接着，这位新任董事长又对所有员工说："管理人员至少要用十倍的头脑来工作，员工至少要用三倍的头脑来工作。"这么一来，整个公司的管理及生产人员更加活跃，他们很快就恢复了以往鼎盛时期的业绩，被称为"日立公司的奇迹"。

袁君的成功就在于他敢担重任，富有热情及开拓精神，并且激起了日立公司全体职员为摆脱公司面临的危机而努力工作的热情。

第三章
人力资源管理

三、建立人才评价机制

在人力资源管理中，对人才进行各方面的考评，形成一套考评标准，是非常重要的。它关系到量才录用，尽量做到减少企业人力资源成本，充分调动员工积极性。

1．人才评价中要坚持原则

（1）**客观公正**

评价应建立在依据客观事实的基础上，尽量做到有据可查，有证可考，不要据亲疏关系来作主观臆断，或者弄虚作假。

（2）**透明原则**

评价应透明，而且透明度应尽量高一些，这不仅需要一些公平的制度来保证，而且尽量让员工知道参评的一些事项，把考评过程公开。

（3）**评价反馈**

评价的目的是为了获取被评价者的业务能力及思想状态情况，最终帮助员工完善自己、提高自己，所以评价结果要反馈给被评价者，让他对自己目前存在的优缺点有一个认识，从而明确努力方向。

评价过程中，由于有不同类型的评价者及不同层次的评价者，因此评价时应有不同的标准。具体来说，在公司里，对不同类型员工的评价主要包括：对生产劳动者的评价、对科技劳动者的评价、对管理劳动者的评价。

对不同层次的评价主要包括：对高层管理人员的评价、对中层人员的评价、对基层人员的评价。

评价由于目标的不同，应有不同的内容，一般来说，应包括：

业绩——对员工在一段时间做出的实际成绩进行评价；

能力——对员工的各方面素质能力，例如专业知识、智力素质进行评价；

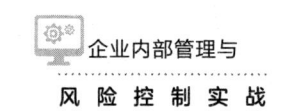

思想——对员工的思想状态,例如与企业价值观的同化程度、价值取向、责任感进行评价;

晋升——对员工的各方面进行评价、比较,看其是否能在同类员工中做得更出色,从而确定是否有晋升的资格;

薪水——对员工在下一年度应得的实际薪水进行综合评价,这主要以本年度发挥的作用、做出的成绩大小为依据。

考评方式各种各样,千差万别,不同的公司有不同的设置。但不管怎么样,评价体系在人力资源管理中是很重要的一环,对企业的发展至关重要。

四、需要重视的人才评价要求

1．评价要分开层次,有重有轻,不要搞折中主义

考评是为了激励人的积极性和能动性,因而要分开档次,如果评奖面太宽,就达不到效果。同时,一些评价中由于存在"中庸主义",凡事都要"平和"不得罪人,做老好人,因而可能会出现两头没有、中间一大堆的局面。

2．不流于形式

评价就要做到真正的评价。如今,很多企业在搞评价时都是流于形式,书面上一套,行动上又是一套。评价过程中不认真负责,随便弄一些资料就完事,评价结果均是好话一套,套话一大通,评价结束后又不能对差者进行惩罚,对好者给以嘉奖。因此,要使评价有效,就要实事求是,在执行时要雷厉风行,不徇私情,才能令员工信服。

第三章
人力资源管理

※ 激励机制的秘诀

在人力资源管理中，如何调动员工的积极性与能动性，发挥他们的最大潜力是管理者必须重视的问题。

企业管理中不能没有激励，领导要激励员工，使员工们发挥更大的作用。然而，什么是激励？应该怎样激励呢？

一、激励的概念

在管理学中，广义的激励是指激发鼓励，调动人的热情和积极性。从诱因及强化观点看，激励是将外部适当的刺激转化为内部的心理动力。

激励的核心问题是动机是否被激发，员工在动机被激发之后，为了实现目标，工作也就越努力，做出的贡献也就越大，故激励在管理中是很重要的环节，当今，没有哪一个企业不采用激励手段。

人为什么需要激励呢？人在成长过程中会产生不同的目标，有不同的需要。按照人本心理学家马斯洛的理论，人的需求可分五个层次：

一是生理需要。这些是维持人类自身基本生活的需要。如食物、水、衣服、住所和睡眠。马斯洛认为，在这些需要还没有满足到足以维持生命之前，其他的需要都不能起到激励人的作用。

二是保障安全的需要。这些需要是避免人身危险，使自己的生命、健康、财产等不受到威胁。

三是归属感或取得他人认可的需要。由于人是社会的人，他们就需要有所归属，并为别人所承认。

四是尊重的需要。据马斯洛理论，人一旦满足了他们的归属需要，他们就会维护自尊，想得到别人的尊重。这种需要将会产生诸如权力、威望、地位和自信等方面的满足。

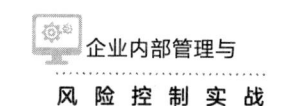

五是自我实现的需要。马斯洛认为，在人们的需要层次中，这是最高层次的需要，它是一种把个人能力充分发挥的愿望——最大限度地发挥一个人的潜在能力并有所成就。

在人追求目标时，这些需要会从低到高逐一得到满足，但是我们知道，人天生有惰性，需要别人的激励及自我激励。如果没有这些激励，人在向目标前进时就会缺乏动力，而在实施激励时，由于不同时期有不同需要，激励的手段也有很大差别。

在企业中，存在一定的组织目标，为了实现这些组织目标，员工必须同心协力工作，而促使员工这样做的手段就是激励。如果没有激励，一些员工会得过且过，做一天和尚撞一天钟，尤其是在缺乏负面激励时，他们就不会努力工作，从而也就无从谈起目标的实现了。

二、激励原则

明确激励的概念及作用后，我们再来了解激励的原则。

1．相对公平原则

亚当斯的公平理论告诉我们，一个人对所得的报酬或奖励的感觉，不是看绝对值而是看相对值。

如果一个人与另一个人相对比，很不公平，那会对职工情绪影响很大。如果自己多劳不多得，别人少劳多得，勤劳的员工就会对此产生不满，工作积极性降低，降低生产的数量及质量，甚至会离开这个组织，而懒惰的员工却跟着吃大锅饭，对工作更没有积极性。

2．依据客观实际

正如上面所提到的马斯洛需要层次理论，人的需要是有层次、有级别的，但每个层次间的界限又不是非常明确的。这样，就导致了人的需

第三章
人力资源管理

求的交叉性与复杂性，很可能在一个人身上会出现多种需要。

这时，作为领导，就要具体分析哪一些需要层次是主导的，哪一个层次是最重要的。只有依据具体、实际的情况进行激励，才会达到好效果，如果一个员工对职位晋升很感兴趣，但你却给予其物质奖励，这就是缺乏实效的激励。

3．激励要适时

激励员工要讲究时机，合适的时机能更好地起到激励作用，巩固人们保持热情和积极性的趋势，如果不能适时激励，很有可能使行为主体因得不到及时鼓励而情绪一落千丈，这时候再激励也不起作用了。

奎恩公司的总裁威廉·T.奎恩就认识到，当雇员们工作最辛苦的时候，如果能在工作现场分发奖金，那么这笔钱就能发挥更大的作用。该公司在《企业》杂志评出的500家发展最快的美国企业中排名128位。

美国新泽西州萨莫塞特市的一家出版公司的雇员也从不怀疑老板对他们加班加点工作怀有真诚的感激之情，因为他们在工作最辛苦时，总能得到及时的鼓励。

奎恩说："发奖金的时机要比奖金数额重要得多。"他在公司内给雇员分发他称之为"奎恩券"的奖金。这种券类似50美元的纸币，正面印着他的标准像，上面还有一句话："请将其兑换为50元的娱乐费。"

为什么要把这笔钱用在娱乐上呢？奎恩说："我希望雇员们出去好好玩一玩，这样可以消除工作疲劳，而将这些奖金都积攒起来购买家具家电就达不到这样的效果了。"

三、激励的应用

激励是一门艺术，是管理工作的核心，能否掌握和科学运用激励人的方法是管理工作成败的关键，借鉴和学习激励人的技巧应成为领导者

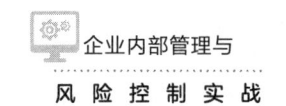

提高管理水平和增长管理才干的当务之急和首要任务。

激励要起到好的作用，必须做到以下几点：

1．洞察员工心理

这是激励的第一步。人之所以做事，是因为有不同的需要（包括物质需要与精神需要），领导必须对症下药，但是人的内心往往不是能直接看清的，要真正了解员工的想法，必须放下架子，与员工进行沟通，这需要有很好的沟通技巧，与员工真正打成一片。

2．制订一个具有可行性的目标

了解员工的心理和需要之后，就应当制订一个特定的、明确的工作目标。这个目标应当对于组织要实现的目标有所贡献，而且目标应具有可测性，可根据一定的标准进行衡量。如果员工的目标不具有可测性，他们肯定不会作出很大的贡献。

3．确定需要采取的行为

让员工明确他们的工作目标，这是至关重要的，下一步就是确定实现目标所必须采取的行动。

4．决定最佳激励方式

依据每个员工的目标，设定不同的激励方式。激励方式与目标挂钩，也就是与个人需要挂钩，这样才能达到最好的激励效果。应按目标的重要性来决定奖励程度，并且要让员工知道集体目标实现时，他们个人也会受得奖励。

5．积极反馈

在完成了前面所做的制订目标、选择实现目标所采取的行为、确定

第三章
人力资源管理

适当的奖励方法后，下面要做的就是积极反馈——寻找员工工作中的优点并让他们知道，让员工的价值得到认可，他们就会以更热情的态度去工作。

6．实施奖励激励

达到目标后，就要进行奖励或激励，以期待他们再次取得成功。

四、激励方式

激励方式千差万别，使用哪一种方式要因人而异。如今在企业界，最常用的方式有如下几种：

1．对员工进行赞扬

赞扬是自古以来就有的激励方式，通过对员工所做工作的肯定，让员工心理上得到一定程度的满足，感到自己的价值得到了体现，激发出他们更大的热情。

> 《福布斯》杂志的管理者很善于运用"赞扬"这一武器，布鲁斯·福布斯是个很有魅力的人，他和员工接触很多，大家对他的印象非常好。在发放圣诞节奖金时，为了避免给人以施舍的印象，他会走到每个人的桌子前面，连传达室的员工也不漏掉，然后握着他们的手说："如果没有你的话，杂志就不可能办下去。"这句话让听到的每个人都感到心中温暖如春，油然而生一种敬业感及责任感。
>
> 马孔·福布斯同样深谙此道，而且运用得更为巧妙。有一次《IAA周报》的印刷承包商送给他一瓶香槟，恭贺这份刊物的

订户超过25000册大关。马孔·福布斯立即派人把那瓶香槟送给雷·耶夫纳,并且还在上面附了一张纸条说:"这是你的功劳。"主持《IAA周报》工作的雷·耶夫纳自然会加倍努力地工作了。

1976年,《福布斯》杂志迅速成长,从原来的74页扩充到200页。以《福布斯》杂志有限的人力,要在这么短的两个星期内,填满这么多版面,不是一件容易的事。往往是稿件送印刷厂的当天,版面还错误百出。原因是以前属于小作坊制作,工作流程没有章法,现在杂志页码剧增,没有一套完善的规章制度就行不通了。而克里斯比就是制订这一制度的功臣,正是由于他的工作成果,才使杂志社的各项工作井然有序。

有一回杂志社在一家餐厅聚餐,一家合作方的高级主管抱怨自己公司的内部运营杂乱无章,出了不少问题。马孔·福布斯马上回头对克里斯比说:"杰夫,你快告诉他,你是怎么解决我们杂志社的问题的吧。"

克里斯比感叹:"马孔最会找机会赞扬别人。"

事实正是如此,马孔·福布斯在遗嘱里也不忘要给公司员工加发每人一周的薪水,而且凡是欠公司款项低于一万元的人可以免除债务。他就是想让大家知道:他对员工在《福布斯》发展事业上所起的作用,是心怀感激的。

很多企业管理者之所以不吝惜赞扬,是因为他们深知:唯有管理者和员工关系和谐,才能促进企业发展。正如《福布斯》的创始人帕地·福布斯提到的,他对于值得夸奖的人绝不会吝于夸奖,因为一般人一被夸奖,就算他没那么好,也会因此尽力做好的。

赞扬的力量是无穷的,正如奥格威所说的:"我们赞赏努力工作的人,实事求是没有偏见的人,对工作兢兢业业、一丝不苟的人,因为他们相信——只有这样，才会使他们产生无穷的力量，这个力量也就是我们企业的发动机。"

2．竞争激励

竞争激励是激励中最有效的手段。英国格兰德集团公司总裁兼总经理斯坦利·格林斯蒂德曾说过：企业都避免不了管理问题，令人欣慰的是公司的英明决策、高级职员间相互强化激励、身边有一批得力干将。

其实，在社会生活中，人人都有不甘人后的心理，他们都有一颗挑战极限、追求自我价值的心。正是这种天性使然，所以在管理工作中，如果采取适当的竞争激励，就可激发人们的竞争天性，激发员工的潜力，形成你追我赶的局面。竞争产生了活力，公司内部存在良性竞争，企业也就有了活力。

3．晋升激励

在企业中，很多员工获得一定的物质财富后，心理需要更多趋向于更高的职位。这有两种动机驱使：

一是一般人都有追求上进、拥有更大舞台的愿望，如果满足其上进之心，自然会对他产生很大的激励作用。

二是希望能更好地锻炼自己，发挥自己的才能，当然，这是在自己认为在企业内部表现出色、成绩突出的基础上，这时如果领导不提拔他，没有得到晋升，就很容易打击员工的积极性。

在很多发展趋势不错的公司里，都有一套完整的晋升机制，如果员工取得一定成绩后，领导也认为其有能力承担更大的责任，就会赋予他更高的职位。

微软公司设立的晋升制度，不仅使员工在部门内部升迁时产生激励作用，还提高了不同职能部门之间的协同作用。微软是通过在每个专业里设立"技术级别"来达到这个目的。

企业内部管理与风险控制实战

这种级别用数字表示，这些级别既反映了员工在公司的综合表现及基本技能，也反映了员工工作经验值。升迁要经过高级管理层的审批，并与员工薪酬直接挂钩。这种制度能帮助经理们招聘软件开发员时可以"建立与之相匹配的工资方案"。

"技术级别"对微软雇员最直接的影响是他们的薪酬，通常情况下，微软实施低工资制，包括行政人员在内，但是以奖金和个人股权形式给予较高的激励性收入补偿。例如，刚从大学毕业的新雇员10级，工资为3.5万美元左右，拥有硕士学位的新雇员工资约为4.5万美元左右。对于资深或非常出众的开发员或研究员，公司将给予两倍于这个数目或更多的工资，其中不包括奖金。测试员的工资要少一些，刚开始为3万美元左右，但对于高级人员，其工资则可达到8万美元左右。

部分员工持有公司股票，微软的雇员中大约有3000人是百万富翁，这个比例是相同规模公司中最高的。

在微软的这一晋升制度中，确定开发员的级别是最为重要的，这不仅是因为在微软以至整个行业中，优秀的软件开发人员是决定一个公司生存的关键，还因为确定开发员的级别能为其他专业提供晋级准则和相应的报酬标准。

在开发部门，开发经理每年对全体人员进行一次考查并确定其级别。开发主管也参与考查以确保全公司升迁的标准统一。一个刚从大学里招来的新雇员一般是10级，新开发员通常6~18个月才晋升一级，有硕士学位的员工要晋升得快一些，或刚入公司就是11级。一般的晋升标准要求是：当你显示出你是一位有实力的开发员，编写代码准确无误，而且在某个项目上，你基本上可以独当一面时，你会升到12级，12级人员通常对项目有重大影响力。

当你开始从事的工作有跨商业单位性质时，你就可以升到13级；当你产生的影响跨越部门时，你可以升到14级；当你的影响是公司级范围时，你可升到15级。在开发部门中，大约有50%~60%的开发人员是10级和11级，大约20%属于12级，大约15%属于13级，而剩下的5%~8%属于14级和15级。由于级别是与薪酬和待遇直接挂钩的，这样微软就能确保及时合理地奖励员工，并能成功地留住优秀人才。

但是，即使是技术级别或管理职务上升得很快，有才华的人还是容易对特定的工作感到厌倦。为了能有效地激发起员工的工作积极性，并挖掘这些天才员工们的潜在创造力，微软允许合格人员到其他职能部门里寻求新的挑战，并且规定只有在某一特定领域积累了足够经验，并晋升到一定职位才能换至另一部门工作。

※ 激励也讲究技巧

员工激励中，很讲究一些技巧，例如什么时候奖励最好？奖励是纯物质的，还是纯精神的，还是两者相结合？奖励应以什么为标准……这些都是激励中应注意的问题。

一、以奖为主，以惩为辅，奖罚分明

人是很复杂的动物，既有长处，也有短处，既能在特定条件下表现得非常优秀，又能在某种条件下表现不足。奖惩的目的是扬长避短，而奖励是为了"扬长"，但是为了"避短"又需要一定的惩罚。只有奖励与惩罚相结合，才能真正使长处更长，短处得以补充和加强。

但是，奖励与惩罚所占的位置是不一样的，奖励是主流，对于一些不是原则上的问题应该少惩罚或者不惩罚。美国MACK公司老总奥斯威曾说过：我们会尽量了解他的优点，少知道他的缺点。

日本PK公司是一家专门生产Y型劳动保护鞋的企业，由日本和中国

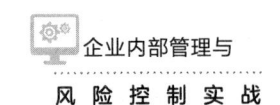

国际信托投资公司投资合营。投资后,当年盈利16万美元,次年盈利78.6万美元,这得益于公司奖罚分明、科学奖励。

PK公司员工平均年龄仅为19.7岁,90%以上的员工是刚走出校门的小青年,刚进厂时思想单纯稚嫩,组织纪律性较差,工作自由散漫。为此,公司采取非常手段,根据"奖勤罚懒,奖优罚劣"的原则,对各级管理人员和生产工人进行严格的管理,收到了良好的效果。

PK公司规定安全生产36个不准:上班不看报、不闲聊、不办私事及打私人电话、私人不会客、不离岗等。对工人行为准则规定了34个不准:即上班不串岗,不打瞌睡,不看书报,不穿奇装异服。不论是谁,一律不准迟到早退,违犯厂规厂纪一律按情节轻重予以处罚,例如:女工不戴工作头巾者罚款1元,把饭菜端进工作场所罚5~10元,随地吐痰者罚款4~7元,凡旷工者一律解雇等。

所有的处分(包括解雇、停发奖金、延长学徒期限、大会检讨和罚款等)均由班组公布,以示警戒。对严重违犯公司规章制度和破坏劳动纪律的员工,在征得工会组织的同意后予以辞退或解雇。据PK公司事务部经理介绍,有一年,该公司一共辞退了12名合同工。严格的厂规厂纪由各级管理人员身先士卒,起到表率作用,使公司形成人人勤奋的工作氛围,个人力求上进的良好风气。

在严格劳动纪律的同时,该公司也采取奖励手段促使工人努力生产,关心公司的经济效益。PK公司的工资制度是基本工资加+附加工资+浮动工资(凡完成平均先进定额的,基本工资增加5%)+奖金。奖金发放的原则是多超多奖,少超少奖,上不封顶,下不保底。奖金的发放权完全交给生产班长,由班长对自己班内每位员工完成当月工作任务的实际和遵章守纪情况进行月度考核打分。以100分为标准,指标完成出色的加分,未完成或完成得不好的减分,然后按月底总分发给奖励,管理人员(包括班长)还另有职务津贴。

为了更好地发挥员工的聪明才智,公司还开展经常性收集合理化建

第三章
人力资源管理

议活动,凡是工人提出一条合理化建议,不论采用与否,一律给予奖励。被采用的合理化建议,则按经济效益大小决定奖励数额,最高的达100美元,仅自1983年7月至1984年8月间,就有217人次提出合理化建议255条,被采纳96条,实施了68条,经济效益达数十万元。

该公司采用的制度奖罚分明,有效地调动了广大员工的积极性,取得了很好的经济效益。

二、物质奖励与精神奖励相结合

物质奖励是满足员工的物质需要,它是由员工具有物质动因决定的,但是,只有物质奖励远远达不到激励的效果,它应与精神奖励相结合,精神奖励是给员工以精神上的动力,以满足其心理动因的需要。

IBM公司为了充分调动员工的积极性,采取了各种奖励办法,既有物质的,也有精神的,两者相结合,从而使员工将自己的切身利益与整个公司的发展联系在一起。例如,IBM公司有个惯例,就是为工作成绩进入前85%以内的销售人员举行隆重的庆祝活动,公司里所有人都参加"100%俱乐部"举办的为期数天的联欢会,而排在前3%的销售人员还会荣获"金圈奖"。

为了表示这项活动的重要性,选择举办联欢会的地点也很讲究,例如,到具有异国风情的百慕大或马略卡岛举行。有一个曾获得过"埃米"金像奖的电视制片人参加了该俱乐部1984年的"金圈奖"颁奖活动,他说IBM组织的每日"轻歌剧表演"具有百老汇水平。当然,对于那些有幸获得"金圈奖"的人来说,这是莫大的荣耀,有几位"金圈奖"获得者在他们过去的工作中曾20次被评选进入"100%俱乐部"。因而,在颁奖活动期间,分几次放映有关他们本人及家庭的纪录影片,每人约占5分钟左右,影片质量颇具质感。颁奖活动的所有动人情景难以用语言描绘,应特别指出的是,公司的高层领导全程参与其中,员工工作热情高涨。

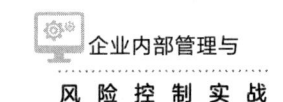

此外，该公司有时还会作出一些出人意料的决定，以增加公司的凝聚力。在一位员工的业务名片上印一个蓝颜色镀金边的盾牌，这是他25年工龄荣誉徽章的复制图样，同时上边还印着烫金的压缩字："国际商用机器公司，25年的忠诚。"这就巧妙地告诉你，公司感激你25年来的努力工作，员工拿着这张名片，可以同认识他的每一个朋友分享这份荣誉。

对于公司来说，这件事做起来并不难，但是它在员工的心目中激起的感情波澜却是巨大的，由此可见，IBM公司激励人们的办法是何等精明。

三、采取合适的组织制度

一个合适的组织制度对整体激励是必需的，好的组织制度往往能使员工更好地发挥主观能动性。

松下集团为了能有一个更好的激励组织制度，对传统组织机构进行改造，1933年首创了松下电器公司事业部专业分工制。刚开始创立事业部时，松下幸之助把他的公司分成三个事业部：第一事业部（无线电）、第二事业部（干电池、灯）、第三事业部（配线器具、电热器具）。战争时期，这个制度曾一度崩溃，但战后即重建且一直延用至今。

这种事业部专业分工制是基于这样的考虑：每个人的能力有限，企业内部管理者要懂得各取所长，实行专人专门负责，才能深入细致地钻研，从而提高事业部经营效率。在事业部中，每个产品分部都拥有最大的自由经营权，它要求每位员工都要百分之百地发挥能量，高度灵活地动用全体员工的智慧。依靠全体员工的努力，实行经营民主化，使每位员工的工作积极性都被最大限度地激发出来。

松下电器创始人松下幸之助认为，他在20世纪30年代进行组织革新有自己的考虑：

首先，他给予经理人员一定的独立性，将他们所管辖的产品划分清楚，这样就能明确地考核他们的工作成绩。

第三章
人力资源管理

其次，通过事业部的自负盈亏，人人都是管理者，使得经理人员更加负责地面对消费者。

最后，松下认为事业部制有助于专业知识的形成，而项目经理人员也能更快地得到锻炼，因而这种制度能够培养出一批在公司扩大之后所需的能够担任总经理的人才，可谓一箭三雕。

在事业部专业分工中，重才用才的宗旨得到了体现，在全体职工中有一种"扩大责任"的气氛。也就是说，在事业部制的激励下，每位员工都有扩大自己责任的想法。这样一来，员工坚信：工作不是别人给的，而是自己创造出来的。这种观念一直激励着松下集团全体成员共同为松下事业献力献策，帮助企业取得了辉煌的成绩。

四、注意沟通

激励必须借助适当的沟通。适当的沟通，使公司信息为员工共享，让员工真正感到管理的透明，对公司各种情况有比较透彻的了解，从而培养员工的主人翁精神，同时良好的沟通还能起到极大的激励作用，给他们带来巨大的精神鼓舞。参与经营、工作被肯定，使他们感到自己对公司的重要性，进而调动员工为公司做贡献的工作热忱。

沃尔玛公司的用人之道浓缩成一个思想，那就是沟通。管理者以各种方式进行员工之间的沟通，从公司股东会议到极其简单的电话交谈，乃至卫星电话和视频会议。他们把有关信息共享方面的管理看作是为公司发展力量注入的新源泉。

沃尔玛公司非常愿意让所有员工共同掌握公司的业务指标，并认为员工们了解其业务的进展情况是让他们最大限度地干好其本职工作的重要途径。分享信息和分担责任是任何合伙关系的核心，能使员工产生责任感与参与感，意识到自己工作的重要性，得到公司的信任，他们会更加努力取得更好的成绩。

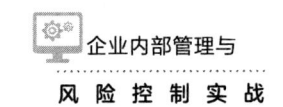

沃尔玛公司是同行业中最早实行与员工共享信息并授予员工参与权的企业，与员工共同面对许多指标是整个公司始终恪守的经营原则。事关公司的信息都会公开。在任何一个沃尔玛商店里，公司会公布该店的利润、进货、销售及减价情况，并且不只是向经理及助理们公布，而且向每个员工、计时和兼职雇员公布各种信息，鼓励他们争取更好的成绩。

沃尔玛公司创始人山姆·沃尔顿曾说："当多次看到某个部门经理自豪地向我汇报他的各个指标情况并告诉我她位居公司第五名，并打算在下一年度夺取第一名时，没有什么比这更令人欣慰的了。如果我们管理者真正致力于把买卖商品并取得利润的激情灌输给每一位员工和合伙人，那么我们就拥有了势不可挡的力量。"

总结沃尔玛公司的成功经验，交流沟通是很重要的一方面。管理者尽可能地同他的"合伙人"进行交流，员工们了解得越多，对企业的理解就越深，对公司的事物也就越关心。一旦他们开始关心企业的经营，没有困难能阻挡他们。如果不信任自己的"合伙人"，不让他们知道事情的进程，他们会认为自己没有真正被当成合伙人。信息就是力量，把这份力量给予企业内部员工所得到的利益，将远远超过将消息泄露给竞争对手所带来的风险。

沃尔玛公司的股东大会是全美最大的股东大会，每次公司都尽可能让更多的商店经理和员工参加，让他们看到公司全貌，做到心中有数。每次股东大会结束后，沃尔玛公司创始人山姆·沃尔顿都会和妻子共同邀请所有出席会议的2500员工举办野餐会，在野餐会上与众多员工聊天，大家一起畅所欲言，讨论公司的现在与未来。

通过这种场合，山姆·沃尔顿可以了解到各个商店的经营情况，如果听到不好消息，他会在接下来的一两个星期内去视察一下。股东会结束后，所有的员工都会看到会议的录像，还有公司报纸《沃尔玛世界》刊登股东会的详细报道，让每个人都有机会了解会议的真实情况。山姆·沃尔顿说:"我们希望通过这种会议能使企业内部团结更紧密,使大家亲如一家,更有热情及战斗力,为共同的利益而奋斗。"

五、选择多种激励奖励方案

有时公司的奖励未能产生理想的结果,这很可能是奖励方案有不切实际之处,未能调动起员工积极性。这时,就要考虑能否采用别的奖励方案。

普莱米尔公司的总经理菲尔·罗伯茨发现,他制订的30天激励雇员竞争方案只是在第一周产生了微乎其微的作用,后来,员工就对此不感兴趣了。普莱米尔公司在丹佛开设了六家餐馆,深感疑惑的罗伯茨向餐厅员工征询奖励的办法,得到的回复令他很惊讶。他了解到,很少有员工对已经给出的奖励方案感兴趣,甚至可以说,几乎所有的雇员压根不把这些奖金当回事。

自此以后,罗伯茨经常了解员工们的想法,而且提供了多种可供选择的奖励方案。他也认为,这样做麻烦了一些,"但是这能使我们在竞争中立于不败之地"。

达斯市的皮格瑟健康中心的总经理柯克·麦利奇在公司招募新的健身教练时,就让他们自己开列一张能够达到每周或每月的训练指标,挑选自己喜爱的奖励项目,奖励项目的价值从25美元到200美元不等。

这15名新的健身教练并没选择公认的必选奖励项目,而是选择了冷门的摇滚音乐会票、租用高级汽车和半月休假等。

虽说不能完全归功于这种因人而异、随意选择的奖励办法,但是该公司的盈利近五年来确实已增加了一倍多。

麦利奇说:"我们所以让他们作多种选择,是因为我知道,他们自己更清楚真正喜欢什么。"

六、必要时采取重奖

在一些特殊情况下，为了尽可能激发员工积极性，可采用重奖。

丹尼尔汽车运输公司的司机们常年奔波在几条公路上，他们逐渐厌烦了这种周而复始的工作，而且曾一度使这家在当地小有名气的公司面临效率下滑、雇员流失以及成本上涨的不利局面。

总经理拉里·丹尼尔认为："要想提高效率并非难如上青天。"于是，他告诉司机们，如果他们能减少运输成本，节余都归他们。他们真的从购买优质汽油、寻找捷径和提高每加仑汽油行驶的里程中得到了节余下来的实惠，有的司机每年得到的奖金竟高达几千美元。雇员流失率也因此下降25%。另外，由于减少了运输路程，该公司的运货卡车的磨损率也降低了。

※ 选拔人才和留住人才

一、选拔人才

选拔人才，一方面是为了满足公司发展的需要，另一方面对员工卓越表现最具体、最有价值的肯定方式及奖励。提升选拔人才适当，可起到很大的激励作用。若提升不当，不仅会影响打击一片，还会为企业以后的顺利发展埋下后患。

因而，在提升员工时，一定要作具体全面的分析、考虑，以确保做出正确的选人用人决策。

在选拔人才中，首先要针对出现空缺的具体工作岗位的情况，然后再从企业中找出几个候选人，据他们的优劣来挑选。

第三章
人力资源管理

在提升中,有一条很重要的原则,就是一定要将他过去工作业绩的好坏、做出的成绩的大小为选拔的重要依据,除此之外,其他依据都可作为次要选拔依据。

在现实生活中,有不少领导喜欢根据个人情感来选拔人,根据下属与其关系亲疏、兴趣爱好是否相投来作为标准,有时还会根据性别的差异来选拔人才。应该说,这都是不恰当的,从长远来说,人才选拔一旦出现问题,对公司影响深远。

所以,在选拔人才时,更应该注重员工的"硬件"——客观事实,少一些感情成分。

同时,在选拔人时应注意适合某岗位的员工不一定是高智商、高学历的,应该看重他的岗位经验及他的能力素质。

> 长江实业集团的创始人李嘉诚是选拔人才的高手。
>
> 在长江集团创立之初,李嘉诚选拔了两位忠心耿耿、踏实苦干的人才。上海人盛颂声和潮州人周千和自20世纪50年代初期就跟随李嘉诚南征北战,他们兢兢业业、任劳任怨,是长江实业集团创业、兴盛的将相之才。当时,李嘉诚让盛颂声负责生产,周千和主理财务,为长江集团崛起于各大企业之林立下了汗马功劳。
>
> 1980年,任人惟贤又以诚待人的李嘉诚经过综合评价,选拔盛颂声为董事副总经理。1985年,又委任周千和为董事副总经理,同时委托盛颂声负责长江实业的地产业务,周千和则主理长江实业的股票买卖,这两位忠心耿耿的得力干将一直跟随李嘉诚30多年。1985年,盛颂声举家移民加拿大,离开长江实业;而周千和则一直在长江实业集团发挥余热,而且其子周年茂也加入长江实业,成为长江实业新一代的骨干。

企业创业之初，忠心苦干的左右手能帮助企业起家，但这些元老重臣不一定能跟得上形势的发展。特别是在一个庞大的跨国企业集团中，商业竞争日趋高度复杂化和讲究科学性，相比之下，元老们的知识结构和专业水准就会显得有些落后了。

李嘉诚深刻地预见到这一点，他知道应该大胆起用、选拔一些有闯劲、年轻有为的专业人才，一方面弥补元老们胸襟和见识上的不足，另一方面利用有专才的干将，为集团带来新生力量，以更大的张力超前发展。

20世纪80年代，长江实业集团在迅速发展，股价由1984年的6港元急升至90港元，这和李嘉诚大胆选拔人才大有关系。李嘉诚不仅在企业不同发展阶段起用不同的人才，而且在企业的不同阶段注重发挥人才专长，选拔有专长人员，担任重要职务，让他们最大限度地发挥自己的才能。

毕业于香港大学的霍建宁，1979年加入长江实业，出任会计主任，是长江实业管理层后起之秀的佼佼者。霍建宁有着杰出的金融头脑和非凡的分析本领。虽然他为人处事低调，但却参与决策和策划了长江实业的重大投资安排，如股票发行、银行贷款和债券兑换等。这些项目动辄就涉及数十亿资金，而且总能为集团带来可观的收益。因此，霍建宁也被新闻媒体称为"浑身充满赚钱细胞的人"。

霍建宁的才华倍受李嘉诚赏识，1985年，他被委任为长江实业的董事，两年后又提升为董事副总经理。当年，霍建宁才35岁，如此年轻就任如此要职，在香港商界实为罕见。

周年茂是周千和的儿子，很早就被李嘉诚指定为长江实业专门人才而送往英国攻读法律。1983年，周年茂回到香港，进入长江实业集团，被李嘉诚指定为长江实业董事和专门发言人，

第三章
人力资源管理

> 并于1985年和其父一道被选拔为董事副总经理。
>
> 　　周年茂是经营房地产的老手,特别擅长大型地产项目的发展,成为长江实业集团房地产发展的主要负责人。很多大型住宅屋村的规划,都是由他具体策划落实,他因此获得公司上下的一致好评。
>
> 　　长江实业参与政府土地的拍卖,原来由李嘉诚一手包揽,被称为拍卖场上的"擎天一柱"。后来,长江实业代表则是文质彬彬、书生气十足的周年茂。周年茂在拍卖场上颇有大将风范,临阵不乱,知进知退,能较好地把握分寸,令李嘉诚大为放心,并委以重任。只在拍卖金额十分巨大时,才由李嘉诚亲自出马。

　　正是由于李嘉诚肯选拔人才,而且会选拔人才,才使长江实业不断发展,并且后继有人,实现公司集团老中青的结合。

二、留住人才

　　企业最大的资本就是人。员工选择公司时,是有多种动机的,或许是为了谋求更大的发展,或许是能多赚一些钱养家糊口。如果他们的愿望得不到满足,就会很失望,辞职离开公司。

　　日本东友公司是一家大型管理咨询公司。20世纪90年代初,公司发展得很好,利润极其可观。

　　为了能让公司有更大的发展,总经理三本先生决定高薪引进一批人才。很多优秀之士看好东友公司的未来发展,选择加入东友公司。

　　但是由于公司规划出现失误,没有能及时安置这批优秀之士。他们在公司里等待许久,没有得到重用的机会,于是很多人失望地离开了公

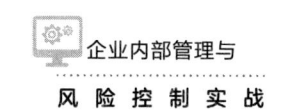

司，同时带走的还有公司的客户资源，使东友公司损失惨重。

由上面例子，我们可看出，招来了人才，并不等于有了人才，人才需要采取科学方法才能留住，才能为公司做出贡献的。

留住人才并不难，关键在于能否满足人才的需求。

1. 丰厚的报酬

在很多员工心目中，薪资报酬在择业时可能会占有很重要的地位，获得他们期望的薪资，才有可能让他们留在企业内。

松下电器的创始人松下幸之助曾说："员工有了安定的生活保障，才能发挥十二分的努力，勤勉工作。"有"经营之神"之称的松下幸之助，深深懂得精神的力量是以物质力量为后盾的，安定员工的生活，解除员工的后顾之忧，才是员工动力的永久源泉，也才能留住人才。公司不断改革工资制度，不断提高薪水。1946年，在经营方针发表会上，松下幸之助向员工宣布："今年我一定实行高薪资、高效率制度。"

当时，松下电器处在战后最困难时期，但松下却愿意为员工支付高工资，要用高工资刺激员工的工作热情，创造效益。

1966年3月，松下电器取消"年功序列"工资制，公布实施"分类工作工资制"，建立了工种与工作能力相结合的工资体系，规定25岁以下的职工按不同年龄、26岁以上的职工按不同的工种，都定有最低保证工资。这种工资制，有利于调动积极性，同时也推动了工资总额的上涨。松下幸之助说：进行改革时，工资总额总是要增加3%~5%的。到70年代，松下电器员工平均工资超过了欧洲国家，工资的增长促进了效率的提高，同时也为松下的发展留住了大量人才，鲜有员工辞职。

2. 建立命运共同体

采用一定的制度，使员工个人与企业的发展紧密联系，从而留住人才。

第三章
人力资源管理

杜邦集团有一套独特的留人制度，采用分散股权的方法，使全体员工效忠公司。他们不仅对公司的经理人员、中层管理人员分摊股票，而且允许并且鼓励普通员工购买内部公司债券或股票；除利息和红利外，这些股票在五年内每年每股另加额外股息三美元，作为企业对员工的特别福利。持有股票的员工自然要比股票市场上的投机商更持久关心杜邦未来的发展，自然对自己的工作会更努力。

在杜邦集团的企业管理中，始终秉持互利共赢的理念："拥有公司股票就是公司所有者。"显然，这种做法的收益是双重的：一是利用股票将员工与企业的利益联系在一起；二是公司获得更多的资金支持，谋求更高的发展。

受其影响，员工"通过股票所有权"就能掌握生产资料的思想，一时间传遍整个美国。

杜邦公司利用这种建立"命运共同体"的方法有效地吸引了人才，留住了人才，让员工意识到自己是公司的主人，这样员工怎能不全身心地投入杜邦的事业呢？又怎能不使杜邦人才荟萃呢？

3．委以重任

这是一个很重要的问题，员工被委以重任，就会产生有一种被认同感，一旦自身价值得以实现，员工自然会留在企业内。

委以员工重任的做法是，当员工在某一职位得到充分锻炼，有能力承担更高职位时，就可赋予他新的职位。

三菱公司每年都进行一次人员评定，在评定中如果发现有特别优秀、突出的员工，就会立即进行提拔、委以重任；如果一段时间后进行重新评定时，发现他在同类职务中还是很突出时，就要把他提高到更高职位，以充分发挥他的才能。

如此，企业便可以保留住了更多人才。

4．建立良好的福利制度

福利制度的建立，可以使员工感到公司是真正想留住人才、重用人才的。如今，很多人选择公司时，都把是否有良好的福利制度作为考虑的重要因素之一。

自1951年开始，新加坡南益集团开始实行"休养金"制度，该制度规定，南益公司员工每月从薪金中扣除5%，公司再承担该员工月薪的10%，总额存入银行的特别账户，待员工退休后转入各员工的名下，使得员工退休后的生活有了保障。

南益公司还制订了"居者有其屋"的计划，即让南益公司的每一位职员拥有自己的房屋。公司以无息贷款的方式，把大约三年的薪金总额借给职工购买房屋，房屋所有权归公司所有。然后，在每年的年终分红中，将该职员的分红扣除一半，作为偿还公司的房屋贷款，直到还清为止，此时公司才把房屋所有权转给该职员。

由于南益公司实行终身雇用制，职员待遇优惠，分红丰厚，而且做到了"居者有其屋"，因而他们都是南益公司的中坚力量。所以，在新加坡流传着这样一句话："没有人有本领挖走南益的职员。"

松下电器也有良好的福利制度，其住宅制度保障了职工能解决住宅问题，养老金制度确保员工可在退休后安度晚年……这些制度都有效地留住了人才。

5．多关心员工，多与员工交流

要留住人才，必须多关心员工，了解员工的生活、工作情况，尽量解决他们在生活、工作中遇到的困难。平时，要多与员工交流，了解他们心中的真实想法，及时解决员工的困难，才不致员工在工作中分心。

只有真正与员工达到情感共鸣，让员工感到为公司工作是为一个大家庭的发展而贡献力量，这样才可能让员工有更大的忠诚感。

第三章

人力资源管理

> 东芝电器创始人土光敏夫使东芝企业获得成功的秘诀是"重视人才的开发与活用"。在他70多岁高龄的时候，曾走遍东芝在日本的各个分公司、下属企业，有时甚至乘夜间火车亲临企业现场勘察。即便是星期天，他也要到工厂去转转，与保卫人员和值班人员亲切交谈，从而与职工建立了深厚的感情。
>
> 他说："我非常喜欢和我的职工交流，无论哪种人我都喜欢与他交谈，因为从中我可以听到许多创造性语言，使我获得极大收益。"
>
> 有一次，土光敏夫在前往东芝一家工厂途中，正巧遇上倾盆大雨，他赶到工厂后，下了车，没有撑雨伞，和站在雨中的职工们讲话，激励大家，并且反复地讲述人是最宝贵的道理。职工们很受感动，他们把土光敏夫围住，认真倾听着他的每一句话。炽热的语言把大家的心连到了一起，大家一度忘记了自己是站在瓢泼大雨之中。激动的泪水从土光敏夫和员工们的眼里流了出来，其情其景，感人肺腑。
>
> 讲完话后，土光敏夫的身上早已湿透了。当他要乘车离去时，激动的员工们一下子把他的车围住了，他们一边敲着汽车的玻璃门，一边高喊道："社长，当心别感冒！保重好身体，才能更好地工作。你放心吧，我们一定会拼命地工作。"面对这一切，土光敏夫情不自禁地泪流满面，他被这群为了自己、为企业兴旺发达而拼搏的员工们的真诚所打动，他更加坚定了自己的职责使命，更加热爱自己的职工。

在留住人才的方面，除了以上谈到的一些措施之外，企业还可根据自己的实际情况采取不同的措施，但不管采用什么样的方法，都要遵循以下几点：

（1）提高领导自身的素质。要留住人才，除了应有的措施之外，领导也应提高自身各方面的素质，以使下属对你信服，很难想象，一个不足以服众的领导能够让下属留下来甘心为其努力工作。

（2）让员工跳槽的客观原因是多种多样的。因而平时一定要注意选择适合企业的激励手段，不能以一概全，以为员工不稳定的原因除了工资还是工资。

（3）对优秀人才要特别敏感，否则他另择高就，领导还蒙在鼓里，不能及时采取挽留措施。

自此，我们不仅可以看到人力管理在企业中发挥的重要作用，也应该感受到其在企业中施行的复杂程度。但就算人力资源管理的建设过程再艰难，为了企业的健康运营和长久有力的发展，企业管理者也要在人力资源管理方面做到百分百的投入。

第四章
营销体系管理

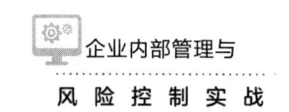

※ 建立自己的营销体系

在企业内部，必须把企业要走的道路、追求的目标和为实现这些目标所选择的方法告诉管理人员；也必须把这些情况告诉生产部门，因为有些销售人员无法解释用户十分关心的纯技术问题，这就需要生产部门予以解答。总而言之，管理者必须向所有的人，包括"不从事商业活动"的人员，说明企业的情况。

因而，在企业内部培养营销人员是很有必要的，尤其是培养与顾客直接接触的销售人员，收集最新的情报。鼓励他们的工作积极性，很多时候商业计划的成败与否，"前线战场"情况起决定作用。

在企业外部，必须把一些必要的情况通告给批发商、零售商、代理人、承包商等，对那些销售技术复杂商品的人员，还要进行专业的培训。这一切都应尽量安排好，这是为你的产品开渠铺路的工作。当你不具备领先优势，没有做好万全准备，直接面对消费者时，企业命运的一部分就交到了这些营销人员的手中。

在建立销售体系时，要考虑的问题有很多，国际市场营销协会所提倡的原则性做法，一般包括以下六点：

一、产品类型

销售渠道的选择因日用消费品、耐用消费品、食品、非食品等不同种类而不同，不同的商品对不同销售渠道有着自身独特的要求。如高价值的贵重品或大型商品要选择最稳妥的渠道，有时甚至需要一对一地面对用户，小型的大规模生产的工业品则要经过批发途径，保鲜食品要尽可能减少流通环节。

第四章
营销体系管理

二、客户洞察

购买你产品的顾客是大批普通消费者，还是少数有特定需要的群体；是遍布于各个收入阶层，还是主要针对少数高收入阶层；顾客的分布区域性是否明显，是主要分布在某一地区，还是遍布各地；顾客在年龄、性别、行业等方面有无明显的特征。这些问题都需要我们深入思考。

客户洞察是一个持续改进的过程，通过内部或外部统一的数据管理平台（DMP）来收集、分析、归类、个性化目标客户（当然也包括潜在客户），从而为营销策略及活动的制订和设计提供精确定位。同时，客户洞察在营销的各个接触点收集观察客户的反应，实时反映到营销闭环中。根据客户洞察得到个性化定位所关注的受众，而个性化内容服务与这些受众直接产生关联）。内容的创建不再只是企业营销部门或者代理商的专职工作，企业员工、客户、粉丝等都会贡献碎片化内容。

在这个客户体验至上的时代，小众个性化营销已成为独特的营销路径，从小众市场出发，触达更多消费者的心，让品牌出圈速度更快。

三、经销商的习惯做法

每个经销商具有自己的一贯做法，他们对不同商品采取的办法也不同。在价格、折扣、利润率、支付期限和结算办法上会有不同的考量。

四、企业自身的实力

企业是否有能力专营自己的产品，也就是说，企业能否直接向零售商推销产品，而不经过批发商。要达到这一目的，你必须对自己的基本设施进行投资（仓库、存贮、运输）。这笔费用相当巨大，创业之初的企业是很难有这些资金的。但这些设施功能如得以正确运用，所产生的长

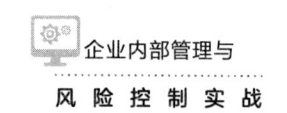

远利益是不可低估的，这是企业管理者需要考虑逐步予以实现的。

五、评估经销商的实力

这是一个两难的选择，经销商实力过弱，必然会影响产品的销售和利润的实现，但有些经销商的实力过于强大，他们的条件就会十分苛刻，经常迫使企业让步。这种大经销商反过来控制小企业的例子数不胜数。

六、三位一体营销

在当今信息高度发达的时代，"求变""求快""求新"是鲜明的时代特征，传统的层级众多的营销渠道已经非常不合时宜了。因此，扁平化的产品销售和服务渠道要求，充分利用网络电商、微博微信等现代营销手段和互动工具，力求第一时间与直接终端客户互动，快速收集到用户的反馈意见，对终端消费者的需求和意见建议第一时间做出反应。

营销的成功依赖于"定位、切位、占位"三者的成功一体化运作，定位是战略和目标，切位是战术和机会，占位则是战斗和执行。定位决定切位，战术决定战略，占位决定成败。通过战略模式、单店模型、客户画像、招商流程、签约模式、招商工具六位一体的步骤打造健全的招商体系，逐步从传统营销过渡到三位一体的营销云获客模式（云获客+云直播+云营销），并迭代到AI智能营销获客模式，让营销达到新境界。

整合全网宣传渠道，系统性开展品牌传播，提升招商效率。首先要做好基础工作，即品牌展示基础载体的打造，依据品牌矩阵建立站群，主要包括：PC+手机网站、双微一抖、小程序、自媒体（企业账号）、社群规划（私域流量池）。其中，打造营销型网站，应注意网站架构、界面及代码的设计，其他平台则要注重对规则的研究，合理控制营运成本。

通过"全网获客+私域流量池运营"，以获得更多精准的流量乃至高

第四章
营销体系管理

转代率的潜在客户,通过专业团队的精准对接,同时强化对不同来源的客户资源以及品牌营销的场景搭建,设计不同的应对策略,提高客户转化率,实现互利共赢。

※ 塑造良好供需关系

在供需关系中,存在着这样两个公理:需求永远领先于当下阶段的供给;优质的供给永远稀缺。商业的基础就是供需关系的匹配,供需关系良好,才会产生利益,企业才有利可图。影响企业利润的供需关系,包括企业与消费者的关系、企业与供应商的关系和企业与员工的关系。如今,大部分公司主体业务基本上都是合作型业务,一个企业独自存在发展越来越难,而是为了促成一件事,需要链接更多的人。这个商业链条上的每个人都要相互合作,获得成功的几率才更大。

一、企业与消费者关系

这里所讲的消费者,是指企业产品或服务的受益者,它可以是个人,也可能是某个社会组织。在推动商品经济发展的国家,对企业来说"消费者是上帝",这是亘古不变的道理。顾客不仅是企业的消费者,有顾客,企业才能获得收入和利润;顾客更是企业的合作伙伴和品牌推广者,帮助企业推广品牌,吸引更多的潜在顾客。顾客是企业的竞争优势,是企业的未来。

对于消费者来说,购买商品仅仅是消费的开始,而消费则是一个过程,从付款提货、包装运输、搬运安装、故障维修直到报废,整个过程的各个环节都存在着消费者与商家的关系。要形成良好的消费者关系,企业必须从整个消费过程来考虑,为消费者提供优质的产品、热情的服

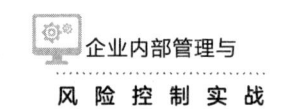

务、进行消费跟踪及处理纠纷等。

优质的产品是良好顾客关系的物质基础。顾客关系是由购买产品而形成的，如果企业不能提供令消费者满意的产品，则顾客关系就不可能稳固。因此，企业必须根据消费者的需要，提供物美价廉的产品。

企业能否为消费者提供令人满意的售后服务，也是处理好消费者关系的重要方面。现在的企业对出售的产品都要实行"三包"（包修、包换、包退），这比起以往"货一出门，概不负责"的做法，的确是前进了一大步。但它离使顾客真正放心和满意这一要求还有差距，只能让消费者抱有"生病可治"的信心。

纠纷处理，就是要调解企业与消费者之间的矛盾或误解。在处理纠纷时，态度要诚恳，对于消费者提出的问题应迅速答复和处理。

二、企业与供应商的关系

供应商是企业重要的利益相关者，企业的生存和发展离不开供应商提供的资源，对企业有着重要的影响。

供应商管理几乎是每个采购组织活动和流程的核心，企业欲维持正常生产，必须依靠供应商提供原料、零部件、设备及能源等；现代商业旅游业同样需要供应商提供丰富、可靠的商品供应，否则，企业的业务就无法维持。不仅如此，供应商是否能够提供质优、价廉的商品、原料，还直接影响着企业产品或服务质量的优劣。另外，供应商还可以为企业提供有关市场、原料、商品、价格、消费趋势，以及商品动态等一系列宝贵信息。由此可见，做好企业内部供应商管理可以提升企业的效益与竞争能力。

现代企业经营特别强调企业与供应商之间建立互惠互利、密切合作的关系，甚至提出一些具体原则，如：双方在物资管理方面互相合作与共同负责；双方既应独立自主，又须尊重双方的自主权；双方实施共同的管理标准，以使相互关系和谐融洽；双方的商业活动，应经常考虑消

第四章
营销体系管理

费者的需要，等等。

企业与供应商的关系，主要靠采购人员维持。因此，企业的培训需要特别重视采购人员，通过他们去建立良好的供应商关系。此外，还应积极推进企业与供应商之间的信息交流。双方之间的信息交流方式包括：私人访问、举行招待会、接待来访、举行座谈会、邀请供应商来厂参观等，还可以利用印刷品及视听交流工具，如业务刊物、广告、年度报告、函件，以及各种有关企业政策、组织、人事、规章等内容的小册子，用以增进双方的了解与合作。

三、企业与经销商的关系

现代商品经济社会，"市场"是一个全方位的概念。随着通讯、运输及人们观念的现代化，任何行政的、地理的割裂都无法阻止商品的流通。在这种情况下，企业产品的销售就由原始的自产自销，转向更多地依赖于专职的流通部门。目前多数工业企业的产品销售方式，基本是两种：一种是直接销售，另一种是由经销商转手销售。诚然，直接销售有利于降低商品价格，更有利于收集消费者对产品的信息反馈。然而，对于大多数企业来说，仍然需要依靠经销商销售其产品的绝大部分，甚至全部产品。经销商作为企业销售商品的中间商，直接面对消费者，起着十分重要的作用，因此与经销商的关系，就成为企业外部公众关系中的一个重要组成部分。

经销商肩负着销售产品的重任，因此，企业与经销商之间必须开诚布公、友好合作。企业与供应商是典型的利益共同体，良好的经销商关系，对于企业稳定发展至关重要。当然，企业的产品质量优良、价格有竞争力、设计新颖、适销对路，并且供货迅速，这一切都是企业维持良好的经销商关系的根本保证。此外，企业还应该尽心为经销商提供各种便利和服务，如技术服务，定期为经销商举办产品使用、维修技术训练班，使他们更好地了解产品性能；销售服务，帮助经销商改进经销方法；

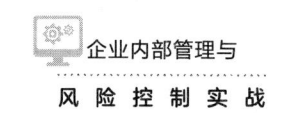

管理服务，协助经销商建立、改建商店、仓库，以及改进送货方法等。

促进企业与经销商关系，同样依赖于双方的信息交流，企业应向经销商阐明本企业的基本经营情况及产品性能，使之了解企业的生产能力和潜力，做到心中有数，敢于大胆经销企业产品。企业也要经常征询经销商对产品性能、价格、销路等方面的意见，通过接触增进感情交流，从而使双方建立起良好的合作关系。

四、企业与员工的关系

从某种角度上来讲，求职者和用人单位二者之间，实际上就是相互需求的一种供需的关系，他们之间是相辅相成的关系。企业和员工是相互依存的，企业需要员工为其发展提供动力，员工需要企业为其提供发展机会和保障；企业应该通过为员工提供良好的工作环境、合理的薪酬待遇、培训机会等方式来关爱员工，从而提高员工的工作积极性和创造力。

针对不同的岗位，企业与员工之间的供需关系可能是完全相反的。比如，在一些高端岗位上，供需关系是需求大于供给，企业需要通过猎头来找寻找合适的候选人，而在一些岗位上则是供给大于需求。对于招聘网站来说，他们需要知道在供需关系上是求职者更稀缺，还是招聘方更稀缺，这决定了业务团队更应该在哪一方投入精力。

企业与员工之间保持良好的供需关系，不仅有助于提高企业的竞争力和员工的职业生涯发展，更能促进社会的和谐稳定和经济的可持续发展。

※ 建立完善的客户网络

美国汽车推销大王乔吉拉德有一个著名的"250定律"，他通过细心

第四章

营销体系管理

的观察，他发现每一个人的生活圈子里都有关系比较密切的熟人与朋友，而这些熟人与朋友的数字大约都是250人。

所以，人与人之间的联络是以一种几何级数来扩散的。无论是善于交际的公关高手，还是内向保守之人，其周围都会有一群人，这群人大约250个。而对于企业来说，这250人正是客户网的基础，也是企业的财富。

互联网的兴起，让信息交流更便捷，也改变了人们的生活方式与结构。数字技术不断迭代，数字化渗透到了万事万物当中，每一个个体、每一个组织在享受日新月异的数字时代，同时也在面对数字化的挑战。谁掌握了数据，谁就掌握了市场的主动权。企业利用大数据技术分析客户的数据，了解客户的偏好和行为习惯，为企业提供更精准的营销服务。

在这种新型市场环境下，市场的沟通方式从过去单向模式进化到了双向模式，企业面对的不仅仅是消费者买与不买的二元选择，而是可以利用网络主动向消费者施加影响力。

如何建立起一张稳定的客户网呢？这是企业都面临的首要问题，以便企业将产品更便捷地植入到客户网络中去。

一、将客户组织化

可利用一天的时间，将所有客户集合组织起来，举办一些参观名胜古迹、搭车游览、看戏、听演讲等活动，借此机会，还可以出动公司里的高级管理人员和客户联络感情。于客户而言，大家虽然未碰过面，但既处于和该公司如此亲密的关系之下，彼此之间就较容易沟通。如果有的客户相互之间已经认识，你这样使他们又聚在一起，他们也会很高兴。或者成立用户俱乐部，让企业的现有用户和潜在用户成为俱乐部的会员。俱乐部为其会员提供各种特制服务，如新产品信息、优先销售、优惠价格等。这样一来，企业可以加强企业与顾客之间的相互了解，培养顾客对企业的忠诚度；还可以通过顾客的信息反馈系统，了解顾客需求；通

过俱乐部向会员宣传企业的产品和服务。

但需要注意的是，要选出一些重要的客户，引进贵宾服务的项目。客户们受到了特殊礼遇，就会产生亲如一家的心理，增强客户与企业的粘性，并主动帮企业传播企业形象。

二、与客户成为知心朋友

我们都知道，"朋友间是无话不说的"。如果我们与客户成了知心朋友，那么他将会对你无所顾忌地吐露真情。这种高谈阔论中，有他的忧郁，有他的失落，同时也有他的高兴，这时你都应当和他一起分担。他可能会和你一起谈他的朋友、他的客户，甚至让你去找他们或者帮你电话预约，这样你将又有新的客户出现。

同时，当你和他谈不高兴的事时，特别是工作上的困难时，他很可能会主动地帮助你，介绍新的客户给你认识，或者帮你直接把生意做成，成为你永久性的客户。

三、客户资源要经常得到补充

客户网络是经常变化的，所以必须不断更新，让这个动态客户网络始终保持一定的张力，这就需要我们作出合理的取舍。

比如有两个客户，甲客户的订货量大，而且与你的关系甚深，但却由于其管理不善，而且从不听取管理上的建议，致使效益不断下滑。而乙客户的订货量较小，与你的关系不是很深，但其管理者很有经验，而且很乐于接受他人的意见。当企业的货源不能同时满足两家时，就需要从中作出取舍了。如果取甲客户，短期内可能有利可图，但到一定时候，他终会由于经营不善而不能支付货款，到时你将会失去两个客户。如果取乙客户，短期内觉得收益甚微，但到其壮大时，优势就明显了。

第四章
营销体系管理

在作合理取舍的同时，我们必须不断地补充进更加新鲜的血液，在已有的客户中挖掘客户，在挖掘出的客户中再挖掘客户，这是所有营销高手都应具备的能力，同时也是企业立于不败之地的先决条件。在这一过程中，企业必须要善于抓住有挖掘潜力的大客户，要善于抓住客户中的权威者。

建立和维护良好的客户关系网络，是企业成功的关键之一。了解客户需求、提供卓越的客户服务、积极推广品牌、建立互动交流的平台、提高客户满意度和定期跟进客户是建立和维护客户关系网络的关键步骤。企业应该注重客户关系网络的长期稳定性和可持续性，不断提高客户满意度和忠诚度，以实现企业的可持续发展。

※ 运用心理学进行推销

现代商品推销艺术应当与心理学接轨，只有这样，才能为企业的发展铺平坚实的道路。动机分析专家、形象设计人员、职业说客，凭借个人的才智和庞大的人脉资源，已经建立起充满挑战的工作群。职业推销已发展成为一场规模空前的"攻心之战"。

由此，也就产生了对消费者"生活形态"的研究。我们知道，每个人都有自己的生活方式，对于喜欢什么、不喜欢什么，各有所好。"生活形态"研究就是去找出人们在日常生活中所做的事和所参加活动的规律，这对于商人们，可以说是一把金钥匙。

所以，你第一步就应该研究一下现在整个商品市场有多大，其中又有多少人使用自己的商品，他们的年龄、性别、婚姻、家庭、职业、文化程度、收入情况，还要知道你的竞争者是谁，他的消费者有多少，和你的又有什么不同之处。

一、消费者心理分析

1. 在某类商品的用户当中，有最常用的、常用的、偶尔用的和极少用的四类人，而常用的这一类人为数虽然不多，但他们购买量却很大，正可谓是制造商们梦寐以求的"大户"。但"梦"终归是梦，这些"大户"并非就能如你所愿，对你的"牌子"情有独钟。

这时候就应该对他们进行分析，看看他们中的主要成员偏好于哪个产品，最重要的是摸清其原因何在。当你的产品不能得到那些"最常用"的顾客的青睐时，就应该想想，是不是有必要把自己的目标市场转到这些"大户"身上，竭尽全力把这些"大户"吸引过来。

2. 是要进一步探询消费者们掏钱购买这一类产品是干什么用的，然后，根据这些用途，自问能否满足这个需求。

再就此与你的竞争者作一个比较。

比如说，老年人买面粉回家，一般是做馒头、面条、大饼一类的主食；而追求时尚的年轻人，则有可能是买回家自己作些蛋糕、点心等各种精细的甜食，这两种人对面粉的要求自然不同。

又如现在有些保健食品，有的购买是为了孝敬老年人，有的是为了给埋头苦读的学生加把劲儿，有的则作为看望亲友的礼品，它们各自的用途不同，对其品质、包装要求也不一样。

通过对自己商品的用途分析，了解了商品消费者拿这些商品来做什么，就可以进一步地分析知道自己的商品在消费者心目中的长处与短处，这就是所谓的用途分析。

3. 每个人在选择商品时，心中都有一个标准。对于一种洗发水来说，这个标准可能是它的价格，也可能是它的气味或是去屑能力，以及对头发可能造成的伤害等许多方面。

各种人对同一种商品有各种不同的尺度，他们自觉或不自觉地运用这把无形的尺子来量一量不同牌子的产品，然后给它们刻上一个对应的

第四章
营销体系管理

"痕迹",作为"标准定位"。

于是你和你的竞争者就在他们的尺子上排了个队。找到这把心中的隐形尺子,就可以找准自己商品的定位,那么我们就可以很容易看出自己的目标市场在哪里了。

比如,某厂商生产的洗发水被消费者认为是便宜耐用,但在香味、清洁力及保养头发的性能等方面上都不很出众。那么,商品的目标市场应该选择那些收入比较低、家中人口比较多的消费者,因为他们选购洗发水的主要标准,正是自己产品的优势所在。

4. 要分门别类。使用钓鱼竿的人们,大都也喜欢游山玩水,是徐霞客一类的人物。但另外还有一些在碧溪边垂钓忘返的人,却是业余的鱼类专家。他们惟一的户外活动就是钓鱼,这两种人对于钓鱼竿的要求就由于生活方式的差别而不同。

前者旨在取乐,可谓"渔翁之意不在鱼",他们可能只需要一支竹竿加一根线就成了;而后者则要讲究多了。所以鱼竿制造商就可以根据自己鱼竿的强弱点来确定应选取哪一类人为其商品的目标群体。

还有就是,世界天天都在变化,人们的需要也随着潮流不断地转变,而且由于各种市场发展过程中的原因造成了某一潜在市场被人们所忽视,因此就需要生意人适应市场发展的趋势,不断开拓新的目标市场,这样才能在这阴晴不定的市场上生存发展。

二、销售途径选择

1. 趋势分析及预测——政府的统计机构通常会做定期经济发展的趋势分析,私人市场调查机构也有专门对各种市场作预测的业务,许多社会、经济及政治观察家也经常分析未来的动态。

2. 消费者需求研究——更深层次地了解消费者购买的动机及过程。

3. 销售量的分析及预测——用统计方法来分析及预测过去几年来商

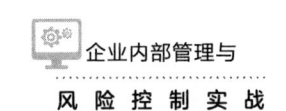

品销售量的曲线，以作较精确的预测。

有了一个确定的目标市场，就得看看自己的商品品质是不是真的能满足这部分用户的要求。

如果经过对自己商品市场的分析，发现它根本就没有机会，无可救药，你别舍不得，不如按照消费者需求，来个彻底地改头换面。

有的生意人特别"敝帚自珍"，抱住原来的商品不放，甚至不惜坑、蒙、拐、骗，伤透了脑筋。

我们应该看得长远一些，根据消费者的真正需要来制造或改革产品，这才有大家风范。

然后，就得根据消费者的心理制订营销方案。

俗话说"孤掌难鸣"，好的营销，应该是一曲优美的协奏曲，而不是什么小提琴独奏。

如果你是那位想要吸引热衷社交的那部分顾客的餐馆经理，就应该适时地开辟舞池及音乐台等。

还有你的定价是不是合适？你的销售地点和方式好不好？

不要当人们动心了以后还要花费九牛二虎之力去寻觅你的产品。

此外，就是对于你的广告方案应该做进一步的推敲。

广告的目的一定是劝人购买吗？虽然作广告的最终目标是"购买"，但千万不可急于提醒或是催促用户掏钱，而应该是把重点放在"帮助"消费者这一点上。否则，用户的逆反心理常常会把事情给弄糟。

商品和人一样，也有刚出厂时的"介绍期"，继而有"成长期""成熟期"和"衰退期"，广告的目标也应该随之而改变。

比如"介绍期"的广告，可以重在提高它的知名度，先入为主，给人们一个鲜明的印象；在"成长期"，则可以帮助消费者了解并选择好自己想要的产品；当进入"成熟期"则应强调自己的品牌优势，鼓励大家重复购买；"衰退期"也就到了该改头换面的时候了。

"消费者"终于找到了，而在这个过程中，我们找到的又何止是消费者！走到"上帝"心里再走出来，一进一出，我们至少明白了"上帝"

第四章
营销体系管理

掏钱时想要得到什么，他们将怎样使用我们的商品，"上帝"凭什么标尺来衡量商品的优劣，我们的商品在"上帝"心中占怎样的分量，有什么优点和不足，我们的主顾们喜欢做什么，我们怎样才能与"上帝"沟通，是利用电视、报纸还是新媒体。

※ 树立良好的公众形象

"用户是企业的上帝"，企业若没有了用户，产品销售就会停滞，那么企业也就不能生存。单就此一点来说，企业必须紧密联系用户，小企业比大企业更直接面对用户，和用户的关系如何，对小企业的生存和发展也就更为重要。只是在销售时想一下用户，实际上是企业同用户最低级的联系。可以说最糊涂、最缺乏能力的企业经理也会想到这一点。实际上，企业和用户联系的渠道远不止于此。

事实上，企业紧密联系用户早已走出单纯向用户销售产品的阶段。企业为满足用户需要，在企业经营的每一个角落都引入了用户意见，比如企业产品的制造、研究开发、花样品种、价格等都参考了用户的意见。销售只是企业产品的最终实现，而要想完成产品销售的最终实现，那无论是产品的质量、规格还是价格，用户能接受才行，这也就要求企业必须在经营的每一个阶段都密切联系用户。一方面是满足他们的要求，另一方面是引导需求，即企业开发某种新产品，因为这种新产品预见到了用户的潜在需要，因而使用户的需求朝这方面转移。这种紧密联系用户潜在需求的思想是企业新产品开发成功的关键。

企业紧密联系客户，甚至让客户参加企业产品的设计、定价，对企业在客户中的形象是有利的。这一方面给用户一种认真服务的精神，使用户与企业建立起信任和感情；另一方面，也使用户对企业多一分理解。

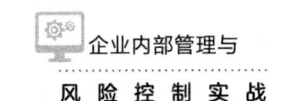

这样才能建立起长期互利的联系，企业管理人员对此应有足够的重视。

一、质量第一

质量是企业树立自身形象最关键的因素，质量不合格对企业来说轻则减少用户、降低信誉，重则导致企业破产。

一家生产啤酒的厂家，啤酒本身的质量不错，各项质检指标都达到了要求。但他们却忽视了包装，有些啤酒瓶质量不过关，在运输和消费者开启瓶盖时，酒瓶突然爆炸或破裂，甚至炸伤了人，消息传出去，人们对该种啤酒望而却步。产品卖不出去，企业最后自然只能关门。

对任何公司来说，保证产品的质量都应考虑以下几点：

1. 老板、管理阶层对质量孜孜以求、一丝不苟的责任心；

2. 一套严格有序的管理制度和有效的质检办法；

3. 对员工工作质量的严格监督和考评；

4. 不断提高质量要求，严格把住产品的出厂关，不让不合格产品运出厂门；

5. 听取用户对产品质量的意见。

当听到对本企业的产品或服务的不满意见时，有些小企业的经理常有护短的习惯："我们的产品绝对没有问题，那是你不会用。""你的脚这么宽，谁做这么宽的鞋，挤一点，你就将就着穿吧。"甚至破罐子破摔，直接说："我们这儿就这样，你觉得不行，到别处去。"这种办法，等于是不再让顾客上门。

对企业管理人员来说，质量问题实际上意味着两个方面：一是保证现有产品或服务的质量；二是改进或提高产品或服务的质量，提供新的产品或新的服务。在这一点上，很多公司近年来做得是相当出色的。比如一些计算机公司，在卖出一项产品后，都保证以后自动升级。这也就等于是说，以后在某种产品提高了档次时，也会为已售出的产品提供相

第四章
营销体系管理

应服务。这就事实上为很多用户免除了后顾之忧。

很多有名的大企业宁可牺牲效率，也要保证产品的质量。比如说惠普公司很少向市场投放开创性新产品，当别人将这一新产品投放市场后，惠普公司进行跟踪调查，打听用户喜欢这项新产品的什么、不喜欢什么，然后根据调查情况推出自己的产品。数字设备公司为了使产品技术可靠，有意识地滞后于最新技术水平2~3年，然后根据领头开发者的情况，研制出自己的更可靠的产品。

二、可靠的售后服务

任何公司的任何产品都不可能一点毛病没有，无论是产品本身有问题还是产品使用方法的不正确，这都需要公司提供可靠的售后服务，为用户修理出现问题的产品，教会用户怎样使用它，为用户提供配件。事实上，今天的售后服务早已超过了对出售产品进行维护，使之能正常使用的传统意义。在很大程度上，它已成为树立企业形象、为产品促销的一种手段。为了在顾客中赢得信誉，企业对此更应注意：

1. 使现在的用户成为本公司的永久性用户。
2. 用良好的售后服务吸引新的用户。现在的用户的满意程度，对周围其他用户是有榜样作用的。现在的用户满意，其他持观望态度的用户很快就会进入；现在的用户不满意，观望的用户也就会迅速打消介入的主意。

对企业来说，回头客更为重要。在市场细分不断深化的情况下，大的消费者队伍细分时，可以针对一些有特殊需要的顾客提供更细和更特殊的服务，这就更需要提供优良的服务，以吸引老主顾重新光顾。

三、和用户沟通，重视顾客的抱怨

要树立企业的良好形象，用户的看法是至关重要的。这一方面可以

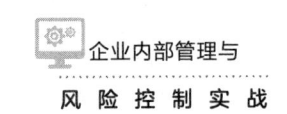

得到本企业什么地方做得不错、什么地方做得不好的信息；另一方面也可给用户一个本企业是在为用户认真服务的印象。要加强和用户的沟通，小企业经理应要求公关人员注意以下几点：

1. 经常主动和用户联系。比如说对大的用户在固定时间进行专访，听听他们对使用本公司产品的看法等。或给用户打电话，送去一些使用本公司产品的意见单，让他们对本公司产品的质量和服务提出意见，了解还有哪些服务要求，哪些方面需要改善等。

2. 在重大节日给用户送去贺卡、贺信、纪念品之类的物品，加强感情联络。

3. 本公司新开发的产品，应及时向老用户介绍，征求他们的意见。

对于目前的很多企业来说，与用户沟通方面都是有差距的。很多人是一锤子买卖，做过这一次也就不想做第二次了，但还是有一些企业在这方面做得很出色。

顾客的抱怨往往要么是产品的质量有问题，要么是售后服务做得不好。顾客不满意，他们就要抱怨。和顾客的赞美可以为企业博得一个好的形象，吸引来潜在的顾客一样，顾客的抱怨会在他周围的同事、朋友中间造成某企业服务不佳的印象，因而也就赶走了潜在的消费者。尤其是在几个人都同时异口同声地说某企业不好时，对周围人的影响更大。

哪一家企业的产品或服务也不可能十全十美，顾客有点抱怨是可以理解的。个别企业过去都是产品卖出去算完事，能用不能用、能用多长时间都是顾客的事了，因而企业完全可以对顾客的抱怨置之不理，甚至有的企业人员胡搅蛮缠、不讲道理。但目前的情况显然已今非昔比，各种法律法规的陆续出台，使不负责任的企业及其管理人员要受到法律的严厉惩处。而且由于买方市场的逐渐形成，企业已经失去了市场中的支配地位，不再是用户主动找他们买，而是他们得去主动卖。这就更要注意消费者的意见。一般来说，企业正确处理顾客的怨言可从以下角度去做：

第四章
营销体系管理

第一,对照顾客不满意的地方,对本企业出售的产品或服务加以完善,使顾客满意。

第二,调换回不合格的产品,并免费做好善后工作。

第三,由于双方误会引起的争论,要解释清楚,使顾客消除误会。

※ 善于听顾客的抱怨

美国有一家公司叫"新猪公司",名字很土,但成长很快。创办人毕佛说自己喜欢听顾客抱怨,这话听起来有点自谑的味道。"你应该喜欢抱怨,抱怨比赞美好。抱怨是别人要你知道,你还没满足他们。"他说。

毕佛发现:每一个顾客的抱怨都使他有机会拉开跟其他企业的差距,帮助他做一些他的对手还没有做的事。

太多的公司认定他们的顾客是爱挑剔而难讨好的人,满嘴的"我认为……我想要……",只能表露出他们不识货。这种态度是危险的,而且研究一下也会发现,有这种想法的公司一定没有好下场。美国华盛顿一家研究机构的报告表明,很多客户会因为对一些公司不满意,而改向其对手公司买东西,但其中只有4%的人会开口告诉公司,也就是说在每25个不满意的顾客中,只有1个会开口抱怨。

经营一家公司,最有效的售后服务方式,就是多听听顾客的声音。你会听到快乐和不快乐的声音,然后利用所听到的信息来加强对客户的服务。如果这样做还有客户不满意,那也只是少数。哈佛商学院的李维特教授说:"以顾客为本的企业所要塑造、改变全公司的信仰应该是,产业应是满足顾客需求,从而制造产品的过程。"

搞定客户,就是搞定客户的痛点,客户的痛点可能是从抱怨中来,抱怨产品设计不够人性化、抱怨产品有缺点、抱怨产品与想象中不一样

等等。这也恰好说明了客户与产品的匹配度，帮助客户解决当前的问题，就解决了客户的痛点。

美国汽车销售员乔·吉拉德被世人称为"世界上最伟大的销售员"，他成功的秘诀之一就是倾听，他曾说过："世界上有两种力量非常伟大，一是倾听，二是微笑。"销售员对客户倾听得越久，客户就越愿意接近我们。相反，如果销售员喋喋不休，那么就会引起客户的反感，他们的业绩总是平平。这是因为，倾听能够让客户感到自己受到了尊重，可以说倾听是对客户最好的恭维。当销售员耐心倾听客户说话时，客户自然会喜欢销售员、信赖销售员，那么销售员获得成交的机会就更大了。因此，如何规范企业的服务行为，善于倾听客户的抱怨，是每个企业管理者要考虑的问题。

一、摆正心态

人都是有情绪的，或欣喜，或气愤，或关注，或冷漠等，客户在与销售员沟通的过程中，也会产生诸多情绪，而当销售员听到客户在话语中流露出有利于购买成交的信号时，就要立刻抓住机会，促成交易。

世界上没有无瑕疵的产品，因此，我们的产品或多或少都会存在某些让客户不满意的地方，这个让客户不满意的地方，无外乎是价格、折扣、性能、保障、售后服务、购买承诺等。

另外，我们在将话题转换到销售上时，要多使用积极的语言，这样在转化话题的时候，会更自然、巧妙，能更好地引导顾客从有利的一面看待产品，促进产品销售。

二、采用认同性语言

认同性语言就是当客户表达她的想法和观点时，你先要从语言上认同她，让她感觉到你重视她、尊重她，否则会引起对方更大的反感。千万不要说：顾客的问题不是什么大事。

除了直接的反驳，"但是"这个词很明显地透露出你想说的其实是后半句，会让对方觉得你并非真心地认同她当下的立场和观点，完全不能表达出接纳之情，也就很难打开客户的心扉了。少说"但是"，让他人感到了自己被肯定，客户就会信任你，做出改变，让沟通不再裹足不前。

认同客户的想法和观点，是一种礼貌，同时也传递着你对她的重视，客户心理上会得到极大满足，这样很容易就消除了客户对抗心理，打开了心扉，客户会更加信任你，也容易接受你提出的建议，从而朝着利于解决问题的方向前行。

三、听出客户的言外之意

一个聪明的倾听者，不能仅仅满足于表层的听和理解，还要能从说话者的言语中听出话中之话，从其语情语势、身体的动作中演绎出隐含的信息，把握说话者的真实意图。只有这样，才能做到真正的倾听。谈生意，倾听客户说话时，道理也是一样，不但要细心倾听客户讲的话，而且还要听出客户没讲出来的话，也就是善听言外之意，这是倾听的关键所在。

四、在倾听中适当引导

多倾听客户说话，并不是让我们不说话，毕竟七分倾听重要，三分话术也不能忽视，关键是在倾听的同时，尽量把话题往我们的目的上引导，而不是天马行空，越说越跑题，这样往往到最后连我们自己的目的都可能忘掉。比如，假如客户对你的产品怎么都不信任，那生意该怎么谈呢？最好的方法就是多让客户说话，你只要挑起话头，列出事实加以灵活引导就行，让客户自己说服自己。

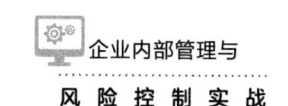

五、真诚感谢

真诚的感谢是倾听式沟通的最后一步，可以提升客户的价值感。客户接受了你解决问题的方法或者建议时，一句简单的谢谢你是触动不到客户的心扉，也打动不了客户的心灵，更不会让加深你们的关系。其实，你可以给予超过普通层次的真诚感谢，激发对方心中强烈的感受，以达到交心的效果。

千万不要忽视客户的抱怨，企业要采用积极友善的处理态度、科学合理的处理方法去解决客户的抱怨，从组织层面和个人层面去做好客户满意度管理，才能立于不败之地。

※ 尝试与大公司谈生意

如果你的谈判对象是大公司，决策过程大多相当缓慢，很少有一次就谈判成功的机会（这种情形也可能有，仅仅出现在老客户的公司、特别热门的产品，以及真正的好运气）。与大公司谈判最大的麻烦在于，你一切都已经准备就绪，而对方总是落后几拍。

一般说来，谈判过程中至少需要三次会议才能谈成一笔交易：第一次是理解谈判的时机，协调双方的步调，并收集对方的资料，包括企业目标、支出习惯，以及谁是真正的决策者；第二次会议中，利用这些信息，详细展示说明自己的产品和方案；第三次，对决策者再次阐述自己的提案。

多年的经验表明第一次协商具有关键的意义。如果第一次没有收集到正确的信息，通常也就没有第二次的深入协商。因此，在准备谈判之前，应当摸清对方的底牌。

可惜对方绝对不会给你一份报告，详细说明你想知道的所有情况；

第四章
营销体系管理

也不会给你一张清单，说明他们的底牌。因此，必须自己寻找宝贵的线索，试着让对方透露更多的信息。

一、让对方畅所欲言

一般人都有展示自我价值的欲望，让对方畅所欲言也就不是什么特别困难的事情。谈话前，明确要从对方的嘴里得到更多的信息，也就成功了一半。掌握好倾听与说话的比例，将70%的时间让给对方发言，其余30%的时间，用来赞美、鼓励、建议或提问，会收到意想不到的效果。

多数的人都迫不及待地想告诉别人，他们有多么的成功，企业管理者要给予对方这样的机会。当他们夸耀自己的业绩、年度的预算、企业的盈利时，可以趁机重新评估并提高价格。

二、让对方有问必答

在商战中，从来没有因为多问几个问题就谈不成生意的；同样的，也没有见过一个人坐在那里，被动地有问必答就做成了生意。

要多得到信息，就必须让对方习惯有问必答的模式，但必须避免像审讯一样的感觉。

看看办公室的四周，谈谈家具摆设，聊聊桌上的小摆设。用赞美的语气开头，也可以是不经意的，例如"这照片真可爱，是您的孩子吗"，或者有意识带入正题"我用过你们的洗发水，感觉很好，市场销售一定很好吧"。

赞美对方一定要出于真诚，不要虚情假意，或者恭维过度。如果你是此中高手，最难的问题也会得到满意的答案。

三、找出幕后的关键人物

和拍板决策的人或者是能够直接触达最高决策者的人谈判，能大大提高我们谈判沟通的效率。毕竟信息本就具有时效性，市场环境即使不是瞬息万变，但在很多情况下也是机不可失，失不再来，尤其是在还有竞争对手虎视眈眈的情况之下。我们离决策者越近，就越能将信息完整无误地传递给对方。借由他人之口传递的信息，很有可能曲解我们的本意。

有一家广告公司的经理，到几百公里之外去做方案说明。从一开场，就没有一件事情是对的。好几个与会人员说他们20分钟后就另外有事，会议室的投影仪不能放映准备的幻灯片，更糟糕的是，整个会场看来，显然没有人负责作主。这位经理很快清楚了自己面对的真实情形，起身就要离去。"这是不对的，"他说，"我从那么远的距离赶来参加这个会议。我不愿意浪费我的时间和你们的时间，也不愿意参加这样一个糟糕的展会。"

"你不是在浪费你的时间，"一位女士说道，"这里我负责。"

这个信息很重要，这位精明的经理立即提出重新开一个小型的会议，而且很快就成交了。

四、找出隐含的承诺

谈判双方各自的立场不同，都想以最少的成本获得最多的利润，用点策略、斗智斗勇也是谈判策略的一种。俗话说："嫌货的，才是买货的。"讨价还价，说明对此次谈判有兴趣。

千万不能急功近利，被故意刁难的一方要保持清醒的头脑，有条不紊地进行谈判。要根据平时打交道积累的认知来评估他此时的想法，根据他的偏好来选择对应的利益形式予以匹配（当然，个人的利益需求并非只是单纯的金钱，利益的需求是多元化的）。做生意都有成本，无论是对企业还是对个人，只是分配对象不同，你所要掌握的就是控制总的成本，如何分配对自己更加有利。

精准把握客户需求，创造谈判机会，是商业谈判的基础；找准客户

第四章
营销体系管理

需求，是商业谈判的前提；最后报出让客户满意的价格。与大公司合作是一场拉锯战，只有找到好的切入口，才能稳操胜券。

※ 建立长期的业务关系

建立长期合作关系是每个企业的目标之一，因为长期合作关系可以提高客户忠诚度，增加销售收入，降低营销成本。无论是传统企业还是互联网企业，客户关系管理都是一项至关重要的战略。在竞争激烈的商业环境中，企业需要通过与客户建立长期合作关系来保持竞争优势和实现业务增长。建立长期的客户关系，也是企业内部管理的必修课。

一、了解客户

了解客户是建立长期合作关系的基础。企业需要通过市场调研和客户分析等工具，全面了解客户的需求、喜好、购买习惯等信息；还可以通过企业相关平台，定期与客户交流，了解他们的想法和需求，以及他们在市场中的竞争力和挑战；还可以通过互联网大数据，分析客户的购买历史、投诉记录和反馈来了解客户的需求和期望。

二、持续关怀和维护

建立长期合作关系需要企业保持与客户的持续关怀和维护，通过个性化沟通和服务，企业能够更好地满足客户的需求。企业可以通过定期拜访、问候电话、电子邮件等方式与客户进行互动，及时了解客户的需求和反馈，并提供相应的解决方案和服务。

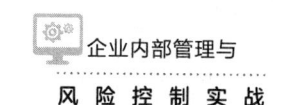

另外，还可以建立一支高效的客户服务团队，以便在客户有任何问题或需求时能够及时回应。我们还需要保持良好的沟通，与客户保持密切联系，并确保我们能够满足他们的需求和期望。

三、实施销售策略

忽视老客户的价值，就会加大企业运营成本。现实上，新客户获取的成本会越来越高。麻省理工学院的研究也表示，管理者普遍忽略了一个重要指标——客户终身价值。

实现客户终身价值，简单说，就是让顾客能够长时间的重复购买、买的更多、能够影响别人来买。实现客户终身价值，就要建立客户"上瘾机制"，成功建立这种机制，才能提高客户持续消费的频率，企业营销才成本就会大大降低。

（1）交叉销售和客户复购

通过与客户建立长期合作关系，企业可以更好地实施交叉销售策略。通过了解客户需求和购买行为，企业可以向客户推荐相关产品或附加服务，从而提高销售额并促进客户复购。

（2）口碑营销和客户推荐

建立良好的客户关系可以促进口碑营销和客户推荐。当客户感到满意并与企业建立了良好的合作关系时，他们往往会主动向其他人推荐企业的产品或服务。这种口碑传播可以帮助企业吸引更多潜在客户，并促成新的业务增长。

（3）定期升级和创新

通过与客户进行密切合作，企业可以及时了解客户的需求和反馈。企业可以通过定期升级产品和服务，以及创新解决方案来满足不断变化的客户需求。这种持续的创新可以帮助企业在竞争激烈的市场中保持竞争优势，并实现业务增长。

第四章
营销体系管理

四、定期评估和改进

合作伙伴是企业发展重要的资源，建立长期合作关系不能停留在表面，企业需要定期评估和改进客户关系管理的效果。定期检查和评估合作伙伴关系的效果和质量是企业管理者的重要职责，以下是一些方法和建议，可以帮助管理者定期检查和评估合作伙伴关系的效果和质量。

（1）**设定关键绩效指标（KPI）**

合作伙伴的效果和质量需要有明确的评估指标，建议设置关键绩效指标（KPI），如销售额、市场份额、客户满意度、产品质量、交货时间等。根据不同的合作伙伴类型和业务需求，设置不同的KPI指标，以便于量化和比较。

（2）**定期沟通和反馈**

与合作伙伴保持定期沟通和反馈，了解合作伙伴的进展和状况，及时解决问题和调整合作关系。可以通过电话、邮件、会议等方式进行沟通和反馈，建议至少每个季度进行一次面对面会议。

（3）**评估合作伙伴的能力和信誉**

合作伙伴的能力和信誉是影响合作关系质量的重要因素。建议定期评估合作伙伴的能力和信誉，包括财务状况、管理水平、技术能力、市场影响力等。可以通过调查、询问其他合作伙伴、参观其生产基地等方式进行评估。

（4）**比较和分析合作伙伴之间的差异**

不同的合作伙伴之间存在差异，包括合作领域、产品质量、服务水平、价格等。建议比较和分析不同合作伙伴之间的差异，找出优劣势和改进空间，以便于优化合作伙伴关系。

（5）**参考外部评估和行业标准**

可以参考外部评估和行业标准，了解合作伙伴的表现和行业水平，以便于评估合作伙伴的效果和质量。可以参考行业协会、咨询公司、调研机构等外部资源。

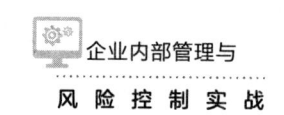

五、深耕行业

与客户长期合作，企业能够积累大量行业内信息，帮助企业更好地深耕该领域。

深耕市场是指企业在某个特定领域持续投入资源，扩大市场份额并提高市场占有率的策略。深耕市场的重要性在于可以有效地提高企业的竞争力和盈利能力。

深耕市场可以帮助企业建立起核心竞争优势。通过长期积累和专注于某个特定领域，企业可以逐步建立起核心技术、品牌影响力和客户口碑，从而在市场上形成差异化竞争优势，提高企业的运营效率和管理水平，为企业带来持续增长的机会。随着市场的不断扩大和需求的不断增长，企业在某个特定领域深耕市场，可以抓住市场机会，实现持续增长。

建立有效的客户关系管理对任何企业都至关重要。通过与客户建立长期合作关系，企业可以提高客户满意度、实现交叉销售和客户复购，推动口碑传播和客户推荐，以及不断创新和提升产品和服务。这些策略将帮助企业实现业务增长，并在竞争激烈的商业环境中保持竞争优势。因此，企业应该高度重视客户关系管理，并积极采取相应的措施来建立长期合作关系并实现业务增长。

※ 培养优秀的推销员

推销是世界上最古老的职业之一。推销员也被看成是典型的喜欢交际的人，尽管事实上许多推销员并不喜欢交际。他们总是受到指责，因为人们认为他们会把劣等货和假货充作好货卖给消费者，然而，顾客却经常在寻找并依赖推销代表。

每年全世界因推销而产生的交易价值，都数以万亿美元计算。麦克

第四章
营销体系管理

默里对销售职责作了以下分类。

1. 主要负责运送产品，例如牛奶、面包、汽车等。
2. 主要从事在店堂内接受订单。如女性时装店内的售货员。
3. 主要从事上门征求订单，如包装厂、日用品或调味品推销员所做的工作。
4. 推销员的职责是建立良好的信誉，培养现有或潜在客户，而不只是承接订单。如酿酒厂的"传散式推销员"和凭处方出售新药的推销员。
5. 工作重点是强调技术知识。如懂工程技术的推销员，他的工作是为"客户公司"充当技术顾问。
6. 创造性地推销有形商品，如吸尘器、电冰箱、房屋等。
7. 创造性地推销无形商品，如保险、广告服务或教育之类。

这些销售职责概括了从最简单的到最富创造性的推销活动。简单的推销活动只要求保持现有的顾客关系并接受订单，而创造性的推销则要求寻找潜在顾客，并引导他们成为实际顾客。

一名优秀的推销员在与顾客的经常接触中承担着重要的任务，首先要寻找并培养新客户，将公司和产品的有效信息传递给客户，说服客户购买自己的产品，而且要为客户提供各种服务；还有一个重要任务是搜集信息，将它带回公司决策部门；最后，还要将产品及时配送给客户。

> 一家制鞋公司想要在南太平洋上一个小岛开拓市场，派出两名推销员进行先期调查。一个星期后，两人回公司总部汇报情况。甲推销员说，我们公司的产品在该岛上一点市场都没有，因为岛上居民从不穿鞋。乙推销员说，我们公司的产品在该岛上大有市场，因为岛上居民都没有鞋穿。公司认为二人的结论提供的信息过少，不能得出有效结论。于是，公司又派出一名营销部副经理进行实地考察。

> 这名营销部副经理调查回来，提供了一份系统的可行性意见书：该岛居民确实没有穿鞋，但他们长期以来形成了不穿鞋的习惯，要想在该岛推销鞋，必须向其宣传穿鞋的好处，如有助于保护脚使之免于受伤、穿鞋走路更舒服等。以改变他们的传统观念，使他们产生对鞋的需要。但仅有需要是不够的，还必须有购买力才能形成需求。该岛生产力落后，居民基本上不使用货币，更谈不上外汇了，怎么办呢？营销副经理发现该岛盛产一种甜度很高的水果，而这种水果在本国很受欢迎，因此建议居民用水果来换鞋，由制鞋公司将水果运回本国出售，带来更高的收益。如一双鞋在该岛可换100公斤该水果，运回本国以每斤10元的价格出售，收入1000元，在扣除制鞋成本500元、运费200元后，仍有较大利润可赚。营销部副经理的建议得到批准，公司很快付诸实施，销售情况出奇地好，该公司产品迅速占领了小岛的市场并赚取了大量利润。

一、培养人才

在当今商业环境下，销售人才已经成为公司发展的关键因素。成功的销售人员不仅能够为公司带来更多的收入，还能够建立起稳定和长久的客户关系。

（1）培养销售技能

一名优秀的销售人员需要掌握的技能包括：沟通能力、谈判技巧、销售理念、客户服务等。理论教育和实践培训是提高销售人员技能的有效手段。企业可以邀请专业人士为销售人员讲授理论知识，同时，组织实践培训、模拟销售、短期集训等形式，让销售人员全面掌握销售技能。

（2）给予"自主工作"机会

工作能力的提升，需要更多的磨炼机会，要给员工更多"自主工作"

的机会。只有在布置任务前让员工明确目的，在工作中给员工更多的发挥才能的机会，才能不压抑员工个性，让他能够以更好地状态去工作，才能获得最大的"自我价值感"。

（3）抓住"资源"

企业老板要谨记"人力资源"四个字，比如，挖出来的矿产资源，必须要有加工的过程。企业的销售人员也一样，只有按照步骤栽培，才能成长为栋梁之才，成为企业的"资源"。

二、提拔人才

企业管理者要时时刻刻思考的问题就是：下一个销售负责人是谁。优秀的销售人员不一定会永远地留在企业，一旦这个非常优秀的销售负责人离开企业，企业就有可能遇到业绩下滑等情况，因此企业老板要随时思考下一个销售负责人是谁。

作为销售主管，想要在销售人员中提拔，需要慎重地考虑，同时也可以采用即位者计划的方式。

（1）即位者计划

"即位者计划"也叫做Successor Plan，是指在计划书中每一个项目的负责人后面都备注着另一个负责人，一旦第一负责人离开，第二负责人能够马上接替第一负责人的工作，即把所有员工都培养到可以接替负责人的程度。

（2）慎重考虑

一般的企业提拔销售人员，往往会造成"提拔一个，跑掉两个"的现象。很多企业提拔销售人员，通常以业绩为衡量指标，负责发达城市的销售人员业绩相对较高，因而会引起其他城市销售人员的不满，造成销售人员的流失，甚至会导致"小团体"的产生。因此，企业老板必须慎重考虑销售人员的提拔问题。

案例 民营企业如何走向国际化？

创立于1984年的海尔集团，作为中国企业国际化的典型代表，是目前国际市场上影响较大的中国家电企业，曾被英国《金融时报》评为"中国十大世界级品牌"之首。海尔取得的成就，很大程度上得益于海尔实施的国际化战略。

国际化是大型企业发展的必然趋势，在经济全球化的背景下，在推动中国制造向中国创造转变、中国速度向中国质量转变、中国产品向中国品牌转变的过程中，全球化是一条必由之路。海尔集团顺应历史发展潮流，实施了国际化战略，为企业带来了巨大的市场机遇和更广大的发展空间，实施了由"海尔的国际化"到"国际化的海尔"的飞跃。

海尔的国际化大致可分为三个主要阶段：初步国际化阶段为1990年到1997年期间，从向德国出口冰箱开始进入国际市场，期间通过海外经销商和进出口公司进行直接和间接的产品出口；深入国际化阶段从1998年开始到2005年，这一阶段海尔以海外直接投资为主，并与1998年开始提出国际化战略；全球化品牌战略阶段从2006年延续至今，这一阶段海尔把"全球化品牌战略"作为自己新的发展方向，力争在每一个国家创造本土化的海尔品牌。

（1）观念国际化

观念的国际化是国际化战略的根本和前提。海尔集团CEO张瑞敏说，国际化企业无法回避的一个矛盾是全球化与本土化的关系。海尔人的做法是：思路全球化，行动本土化。

对浙江万向集团董事局主席鲁冠球来讲，企业要不要赴海外投资根本不是一个问题。早在20世纪90年代初，他就制订了

第四章
营销体系管理

跨国经营的战略，志在成为一家以汽车零部件为主导产业的跨国公司。鲁冠球说："我们从来都没有把市场局限在国内，有人类生存的地方，就会有万向的市场。只有走出去参与全球竞争，才能为企业发展赢得空间，也只有走出去了，才能进一步提高企业的整体素质与竞争能力。"

（2）生产国际化

海尔坚持"先有市场，再建工厂"的对外直接投资原则。海尔的第一家海外工厂是由海尔控股的海尔莎保罗有限公司，1996年在印度尼西亚雅加达成立，海尔的投资以技术和设备为主，生产电冰箱、冷柜等家电产品。

此后海尔集团逐步以对外直接投资方式进入的国家和地区，都是企业已有的出口市场，而且比较典型的是海尔品牌得到认可的市场，如1998年海尔在美国建立了设计、营销和生产中心，并在美国南卡罗来纳州建厂。

TCL王牌彩电在越南和印度与当地厂商合资办厂，销量分别占到当地市场份额的5%和8%；创维在墨西哥、土耳其设立生产基地；四川长虹在俄罗斯、墨西哥及印尼合资设厂，它看中的正是这三个国家人口众多、劳动力成本相对低廉、市场潜力大且关税壁垒较低的优势。

（3）营销国际化

海尔集团的海外营销网络主要由美国海尔、东南亚海尔、欧洲海尔和中东海尔组成，其国外工厂的区域分布与营销网络基本上相同。海尔为了开拓海外市场，实行"三位一体本土化"战略，即三个三分之一（三分之一国内生产国内销售，三分之一国内生产国外销售，三分之一国外生产国外销售）的目标，海尔再海外设立了10个信息站和6个设计分部，专门开发适合当地人消费特点的家电产品，提高产品的竞争能力。

海尔的这一战略思路概括为："思路全球化，行动本土化"，目的在于加快品牌影响力的渗透过程。

1994年，万向美国公司成立。这是一家万向集团全资拥有的营销公司，负责开拓集团的国际市场，建立集团产品的品牌形象。到1999年底，万向美国公司已在美、英、德、加拿大、巴西、委内瑞拉设立10家公司，建立了涵盖50多个国家和地区的国际营销网络，当年的销售额达4527万美元，成为美国中西部地区最大的中资公司。又如，健力宝公司曾先后多次参与和主办各种活动，包括龙舟赛、篮球赛、高尔夫球赛、乒乓球赛等，产生了一定影响；三九集团、海尔集团分别在美国和法国最知名的大街上竖起形象广告牌；在悉尼开幕的第27届奥运会上，法国体操队身着来自中国的品牌——李宁服装出现在赛场上，这是第一支由中国品牌赞助的国外体操队；美的集团在海外直接设立营销机构，彻底摆脱传统的对外贸易方式。

（4）研发国际化

为了能在国际竞争中立于不败之地，一些优势的本土企业走上了研发国际化的道路。有些是重金聘请国外技术专家严把技术大关，如创维请来了日本大阪松下电视厂厂长五百共洪，帮助公司进行技术开发和管理研究；有些是与国外著名开发机构和企业签订合作协议，如2000年11月美的与日本东芝签订了"面向21世纪战略合作协议"；长虹与世界知名跨国公司组建九大联合实验室（长虹—微软联合实验室）等。

海尔则不同，而是成立了中央研究院，同时整合全球技术资源，建立全球技术联盟，目前海尔在世界各地已有6个设计中心、19个合作伙伴。截至2022年底，海尔主导和参与发布国际

第四章
营销体系管理

标准97项，居行业首位；并在全球拥有100余个IEC和ISO国际标准专家席位，家电领域2/3的全球标准专家和标准提案，均来自海尔，这意味着海尔正通过持续地科技创新为中国行业发展赢得了全球话语权。

（5）资本国际化

资本国际化是指资本的流动跨越国界，企业获得最佳投资收益。更重要的是，它为品牌国际化提供了一种资金运作机制保障以及由股东背景构成的全球化资源和视野。

在国际市场中，随着世界经济全球化的发展趋势，每个国家国内企业都受到了来自以跨国公司为代表的外部经济力量的竞争与冲击。发达国家及其跨国公司主宰着国际市场的发展，发展中国的企业能否在国际市场的激烈竞争中"分一怀羹"，是它们努力拓展生存空间的重要出路。海尔为了资本的聚集和生产的效益化，在全球构建起了"A+D+H"全球资本市场布局，通过品牌优势、技术优势、资本优势以及产品市场化推广营销优势，形成良好稳定的利润源，从而不断推进海尔国际化多元化发展。

1997年7-9月，欧洲最大的投资集团ING集团、瑞士东方汇理以及设在美国硅谷的中国华登三家基金取得创维17%的股权。这次股权国际化为创维带来了很高的国际声誉，并为其进一步进入国际融资市场奠定了基础。

（6）人才国际化

企业竞争归根结底是人才的竞争。对于那些正在或即将走向世界的中国企业来说，国际竞争的压力让他们感觉到缺乏人才简直寸步难行。

为拓展海外市场，TCL引进了一批诸如东芝、微软、LG等著名公司的国际型高级管理人才。集团成立了TCL海外控股有限公

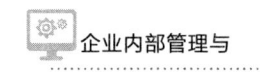

司,专门负责海外市场的营销和推广工作,为此专门邀请到安明滩——原LG的韩籍高层管理人士出任总经理。这是国内家电企业首次引进外籍人士作为企业集团的高层领导。

海尔认为企业的国际化关键在于人的国际化,为提高人员素质,海尔一方面整合全球人力资源,另一方面加快培养自己的内部人才。海尔在美国的营销经理聘的就是当地人,人员的本土化是海尔国际化的一个重要举措,1999年海尔还兴建了海尔大学,邀请国内外专家学者对海尔高层管理人员进行培训。

(7) VI(视觉系统)国际化

VI国际化是国际化战略的最基本策略。没有一个国际认可的品牌形象,产品要走向国际市场,其结果可想而知。可口可乐进入中国很大程度上得益于其贴切、易记的产品名字和品牌形象。

正是如此,中国本土跨国公司在这方面不遗余力,如美的集团,推出了以国际性(全球认可)、无文化障碍、有正面积极联想为目标的全新VI系统,相当成功。改版后的红色环形,象征着全球形象;Midea的字母组合则可能唤起更广泛人群的联想。美的新英文名midea的发音易令人理解为Midea,即我的意念、我的创意,美的内涵更在于"Midea Creats Your Sidea"(美的创造你的梦想)。

海信集团于2002年正式启动新的VI(视觉识别)系统,把原来由红蓝双色组成的圆球,改为代表绿色与活力的"Hisense"。"整容"后的海信新标志以略为倾斜的英文字母为主体,体现海信国际化的气度及不断进取的精神,其传播主旨定位于"创新就是生活",传播理念定位于"创新科技、立信百年"。字首的橙色方块,体现出朝气、活力及鲜明的创造精神,寓意海信不断超越、不断创新的核心价值。

第五章
内部管理失控与风险管理

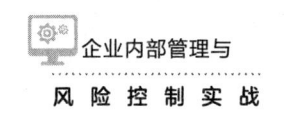

由于内部管理失控所引发的风险，其诱因属于企业的可控因素。只要企业致力于改进管理手段、提高管理水平，就可以大幅度降低风险发生的可能性。在风险发生之后，改善企业内部管理也是企业走出风险、步入良性发展的必经之路。

※ 战略风险管理

战略决策失误很容易将企业引入歧途，战略实施乏力将导致企业错过发展良机，陷入发展困境。在战略管理的过程中强化风险管理意识，对于预防及处理战略风险至关重要。

一、战略管理中的常见误区

通常而言，常见的战略管理失误包括以下一些情形：

1．缺乏明确的发展战略

企业发展最大的短板，是"战略思维"的缺失，缺乏明确的发展战略是企业发生战略风险的重要原因之一。有些企业的高层管理者整日纠缠于日常事务当中，无暇顾及企业发展战略，"捡了芝麻，丢了西瓜"。还有些企业根本没有认识到战略管理的重要性，缺乏对企业发展的长远规划。对于企业而言，企业发展战略是一套可行性计划，要解决企业到哪去和如何走到那里的问题，它决定了企业的生存和未来的发展。只有企业制订符合自身发展的战略，才能提供匹配市场的服务，提供具有价值的产品，在市场竞争中获得有利地位，因此，企业战略的必要性和意义不言而喻。一个企业能走多远，最终取决于管理者制定的与企业自身

第五章
内部管理失控与风险管理

情况和未来发展趋势相适应的发展战略。

2．对外部环境变化视而不见或判断失误

以往成功的经验往往导致企业形成了既定的思维定势，对外部环境的变化视而不见，用已经不合时宜的经验面对崭新的环境，必然会导致企业的失败。企业也可能对外部环境的变化趋势作出错误的判断，在此基础上所制订的战略必然会出现问题。

盲目照搬过往的成功经验，如果企业不能客观地分析行业、客户以及竞争对手，还总是基于一个既成事实寻找成因，最易陷入"自圆其说"和"似是而非"的逻辑，必是自招灭亡。昔日手机界巨头诺基亚就是一个典型的案例，终因瞻前顾后而衰败。诺基亚研究触屏技术比较早，甚至比美国苹果公司还要早很多，但这项技术与原来的技术团队风格相抵触，当时的技术团队早已熟悉了原有的操作系统，且靠原来的操作系统赚得盆满钵满，早已无心改变。诺基亚错误地判断了移动互联网时代的战略转折期，也没能将市场优势与行业地位转化为持续竞争的源动力，最终将领先优势拱手让人。曾有专业人士发布了对诺基亚的深度分析文章，认为诺基亚有五大失败，即未能跟随潮流开发翻盖手机、继续忽略美国市场、无视iPhone威胁、死守塞班系统和选择错误的新智能机平台。一代名企从顶流沦为跟随者，我们可以透过表象看本质，原因就在于诺基亚管理者安于现状，无视外界环境变化。

3．对自身优劣势认识不到位

一位著名企业家曾说过："不了解自己，就没有办法了解市场，更不可能去理解企业。"对自身优劣势认识不到位，都可能引发战略风险。

对自己的实力估计过高是企业在迅速发展时期会犯的通病。"因为成功，所以失败"，是许多企业战略风险的基本模式。由于企业的市场开拓进展顺利，销售增长迅速，往往使得企业只看到对自己有利的一面，高

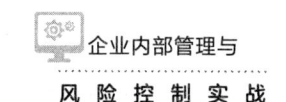

层管理者意气风发，开始滋生冒进情绪，逐渐丧失理性。

对自己的实力估计不足则是企业在遇到困难时常犯的错误，由于害怕失败，企业往往看不到自己的竞争优势，在开展战略决策时犹疑不决，不敢冒一丝风险，很容易错失良机。

4．盲目追求扩张速度与规模

盲目追求扩张速度和规模是许多企业高层管理者常犯的错误，这一点在多元化战略中表现尤为明显。许多企业集团都曾出现过片面追求规模、不加选择地将几乎无内在联系的企业吸纳到集团中来的现象，不但加大了集团内部企业之间的摩擦成本，导致管理失控，难以实现规模经济，而且使母公司战线拉得过长，分散了资源，导致整体竞争力的下降，最终导致巨型企业的解体。

事实上，在经历了多元化发展的浪潮之后，许多公司开始重新审视多元化发展给公司带来的困境，更多的企业在高效整合资源、促进跨界合作。字节跳动的这项财务数据在2022年已经超过老牌科技龙头腾讯和阿里，成为人工智能时代互联网的一匹黑马。其产品线看似乱，实则有内在逻辑串着，是一家以信息生产与信息分发为主的互联网公司。无论是长文、短文、长视频、短视频，还是小说类、搜索类、知识类，字节跳动都在布局，只要是与信息、内容有关的领域，基本上实现了全覆盖。虽然产品非常多元，但杂而不乱，全部围绕着信息与内容进行布局。由于有一条鲜明的信息内容主线在里面串着，布局多元不但没有成为劣势，反而成为竞争优势。

随着时代的发展，任何一个行业都有可能被替代或者消失。多元化的发展，是企业保持活力的一种非常重要的方式。但是，企业管理者必须对多元化保持足够的警惕，避免多元化使企业分崩离析。

5．战略选择过于保守

在战略决策的过程中，如果企业过于保守，则很容易错过市场上出

第五章
内部管理失控与风险管理

现的各种机会，不能凭借自己的优势，取得跳跃式的发展。

即使像IBM这样的世界知名企业，也曾经犯过这样的错误。尽管IBM在20世纪80年代初曾推出了世界上第一台个人电脑，但公司并未看到计算机即将进入以个人电脑为主潮流的时代，仍然将注意力放在大型机上，错过了良好的市场发展机遇。而戴尔、康柏等计算机公司抓住市场机遇迅速崛起。IBM到90年代初则形成数十亿美元的巨额亏损，直到1993年新的CEO郭士纳上台后才开始扭转局面。

6．战略决策过程随意

战略决策过程随意很容易造成战略选择失误，其具体表现在：没有明确战略决策的具体程序；企业某个核心人物独断专行，个人权威太高，影响决策的科学性；重大决策缺乏科学的论证，靠拍脑瓜进行决策等。

巨人集团建设巨人大厦的方案就是一个鲜明的例子。1992年，巨人集团决定建巨人大厦的时候，最初的设想是18层，预算2亿元。在不久后出台的方案中，很快就改为38层。1992年下半年，一位领导来珠海参观，看到该楼盘的位置非常好，建议楼盖得高一些，由自用改为房地产开发。巨人集团很快就将设计方案提高到54层。不久，基于建全国最高楼的目标，再加上设计单位认为盖54层的楼和64层的楼对下层基础影响不大，巨人集团很快将楼高定为64层。由于不喜欢64这个数字，很快又加高到70层，预算12亿元。巨人集团的倒下，与其决策的随意性直接相关，正是层层加高的巨人大厦拖垮了巨人集团。

7．战略执行不力

许多企业的战略制订过程符合科学决策的原则，所选择的发展战略也符合企业外部环境的变化趋势，企业资源也足以保证发展战略的需要。但在发展战略具体的实施过程中，却由于各种原因，比如规章制度执行不严、考核机制不到位、高级管理层频繁更迭等，导致战略执行不力，

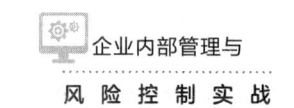

偏离了既定的方向，未能达到预定的战略目标。

二、战略管理与风险管理的融合

基于对外部环境和内部条件的分析，战略管理的目标在于确定企业的发展战略，从而在市场上确立企业的竞争优势。因此，战略管理具有较强的对抗性质，总是针对竞争对手的优劣势而制订并实施对抗性的行动。战略管理非常注重进攻性导向，而对防御性策略的考虑则相对较少。风险管理就是有效的防御性手段。片面强调战略管理而忽视风险管理，可能导致企业战略决策的失误或者企业战略实施因遭遇不测而被迫中断。因此，有必要将战略管理与风险管理密切结合起来，将风险管理意识融入战略管理的全过程。

1．战略决策过程中的风险管理

在进行战略决策时，要对企业可能面临的风险进行细致的分析。在对不同的风险进行评估的基础上，确定主要的潜在风险的种类及其危害程度，并针对主要的风险制订若干个风险管理的备选方案，以随时做好应付不利情况的准备。这样，企业的战略决策不但做好了努力追求最好结果的准备，而且有了应付最坏局面的打算，使企业战略建立在积极、稳妥的基础之上。

2．战略实施过程中的风险管理

在战略实施中，企业应积极对外部环境和内部条件进行有效的监控，密切注视其发展现状及变化趋势，尽早发现风险的苗头，及时采取有效的措施，确保内部资源的有效供给，或者依据外部环境的变化及时调整企业战略，将可能引发的战略风险消灭在无形状态。对于企业某一方面、某一局部出现的风险，通过风险处理小组的有效运作，尽快控制事态、恢复形象、消除后遗症，以免风险扩大化，避免某一方面、某一局部的风险演变为危害企业战略实施的全局性风险。

3．战略评价中的风险管理

在这一阶段，运用反馈控制方法对企业战略管理过程中存在的问题进行评价，分析哪些问题在事前就得以妥善解决，未能演变为风险；哪些问题演变为风险，但风险的解决具有较高的效率，很快就被控制住；哪些问题引发了持续时间较长、危害程度较为严重的风险，并进一步分析为什么不同的问题会引发不同的结果。通过评价，使风险管理形成一个闭环系统，用以改进今后的战略管理。

【案例】 亚细亚：商业帝国的坍塌

在关门停业三年之后，在2001年10月14日举行的第四次公开拍卖中，郑州亚细亚五彩购物广场被河南建业住宅集团有限公司以2.3亿元的价位买下整体产权。该广场是亚细亚集团投资兴建的一家集购物、商住、办公、餐饮等多功能于一体的大型商贸中心，建筑面积居河南零售商场之最。由于投资巨大，债务缠身，加上经营业绩不佳，亚细亚五彩购物广场自1996年10月投入使用后，不到两年的时间内就宣告停业。昔日中国零售业最耀眼的明星——亚细亚就此陨落。

曾经的辉煌

1988年10月19日，32岁的退伍军人王遂舟被任命为中原不动产总公司副总经理兼郑州亚细亚商场总经理。1989年5月6日，营业面积达1.2万平方米的郑州亚细亚商场正式开业，整个开业筹备期总共只有198天的时间。

亚细亚商场的开业，给20世纪80年代末的中国零售业带来了全新的气息。豪华装修、鲜花绿草、人工瀑布给人以强大的视觉冲击力。纵观全国商场，亚细亚商场"开先河"，在商场里设置了迎宾小姐、琴台、商场仪仗队。每天清晨，商场门口的升国旗、奏国歌仪式成为当时郑州最著名的景点。

在亚细亚商场开业前夕，王遂舟在郑州各报纸投放了数十万元的广告。一句"星期天到哪里去——亚细亚"，成为当时郑州大街小巷脍炙人口的谈资。亚细亚投入的这笔广告费是当时郑州所有商场一年广告费的总和。

强大的宣传攻势、耳目一新的感觉使亚细亚很快就获得了消费者的认同。仅仅开业七个月时间，亚细亚就实现销售收入9000万元。1990年，亚细亚的销售收入达到1.86亿元，实现利税1315万元，跨入全国大型商场50强的行列，名列第35位。

扩张的悲剧

20世纪90年代初，正是外商开始大规模进军我国零售业的年代。王遂舟觉察到外商大举进入中国零售业的趋势，认为要与外商展开有效的竞争，需要壮大企业规模。在与国内几家大型零售企业谈判破裂之后，王遂舟决定凭借自己的力量在全国范围内建立亚细亚连锁商店。

1993年9月，王遂舟以郑州亚细亚商场为基础，扩股成立了郑州亚细亚集团股份有限公司，并制订出宏大的发展规划：到2000年前，亚细亚的目标是形成以零售业为龙头，以金融证券和房地产业为两翼，以实业开发为基础的大型企业集团；年销售收入达到500亿元，在全国商界排名第一；综合实力进入全国最大企业前10名，成为对中国经济有重大影响的国际化企业。

1994年5月，南阳亚细亚商场开业。此后，亚细亚商场

第五章
内部管理失控与风险管理

在河南省内遍地开花。1996年2月,广州仟村百货开业。不久,上海、北京、成都的仟村百货也相继开业。在四年的时间里,亚细亚先后开出了15家大型连锁百货分店,其中,河南省内6家,均以亚细亚命名,河南省外9家,均以仟村百货命名。

然而,亚细亚所有的连锁商店的开业之日便是亏损之时。1994年,南阳分店亏损114万元,濮阳分店亏损593万元,漯河分店亏损990万元。在1996年6月14日召开的董事会上,王遂舟逐一介绍了各地连锁店的经营情况:北京日销售收入只有七八十万元,上海日销售收入为三四十万元;省内几个店每月亏损额为400万元,北京、上海、广州每月的亏损额达到2000万元。10月26日,也就是亚细亚五彩购物广场正式开业的头一天,销售收入只有100多万元。11月,天津亚细亚商场倒闭。

1997年3月5日,王遂舟宣布辞职。此后,亚细亚在各地的连锁店纷纷停业。1998年,郑州亚细亚集团首度对外宣布其总负债额为6.15亿元,资产负债率为168%。

2000年7月,亚细亚五彩购物广场宣告破产,郑州亚细亚商场宣布面向全国重新招商。

极度短缺的资金与人才

亚细亚扩张的失败,与资金和人才的极度短缺直接相关。无论是在资金方面,还是在人力资源方面,亚细亚都不具备开十几家大型商场的实力。

对于亚细亚而言,自有资本总额不过4000万元,却要进行投资近20亿元的超级大扩张,风险可想而知。更何况亚细亚的全部分店都是直营、自己进货、自己经营。

亚细亚在短时间内的大举扩张,也使得企业的人才奇缺。开封亚细亚商场的总经理是报幕员出身,既不懂管理,也不懂

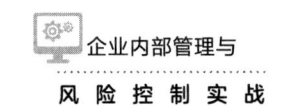

> 财务，只知道喝酒公关，仅一年多的时间，不仅葬送了开封亚细亚，她自己也因酒精中毒住进了医院。
>
> 　　广州、上海、北京三地大型商场的相继开业，商场管理人员严重不足。亚细亚集团不得不从西安招聘了数百名青年，经短期培训后，派往这三个地区。决策者们不了解每个人的详细情况，只好以貌取人，五官端正、口齿清楚的派往这些地区的商场当经理或领班，其他人员担任商场营业员。

※ 组织风险管理

一、组织风险的主要表现

　　企业的组织风险具有多种表现形式，以下任何一种情形的出现，都值得重视。

1. 内控机制存在缺陷

　　内控机制存在缺陷是许多企业组织风险的根源和基本表现，其具体表现为以下两个方面：第一，风险治理结构不完善。完善的风险治理结构同样是企业开展内控风险管理的关键，但是企业的领导者对风险管理意识和概念的模糊，风险管理很难融入到企业管理的过程当中，导致企业的内部控制存在严重问题，给企业的风险管理和风险控制带来巨大难题。比如，我国部分企业管理层仍受制于企业的控股股东，存在一股独大的问题，企业的内部控制势必会出现严重问题，给企业的风险管理和风险控制带来巨大难题。有些企业缺乏健全的内部审计

第五章
内部管理失控与风险管理

制度和监督机制，造成企业经营管理的活动缺乏有效的监督和控制，审计监督往往流于形式，形同虚设，制约企业内部控制和风险管理水平的加强。第二，风险控制的机构与制度建设滞后，监管乏力，导致管理上漏洞百出。风险管理文化一定要成为企业文化的重要组成部分，风险管理要先行。

案例 管理黑洞与巴林银行的破产

1995年2月27日，世界各地主要的新闻媒体抛出一个重大新闻：巴林银行破产了。2月26日，由于巴林银行遭受巨额损失，无力继续经营，英格兰银行宣告巴林银行破产。3月6日，英国高等法院裁决，巴林集团由荷兰国际银行保险集团接管。

巴林银行是一家老牌的英国银行，于1762年在伦敦成立，巅峰时期总资产逾94亿美元，所管理的资产高达460亿美元。按照资产排名，巴林银行在英国居第18位，以擅长于企业融资顾问和证券交易而出名，英女王伊丽莎白二世和查尔斯王子都曾是它的顾客。

昔日辉煌的巴林银行就毁于尼克·李森之手。李森于1989年加盟巴林银行，1992年被派往新加坡，成为巴林银行新加坡分行期货经理。

一次，李森手下的一名交易员因操作失误亏损了6万英镑。李森知道之后，因害怕事情败露影响他的前程，决定动用错误账户，即银行对代理客户交易过程中可能发生的经纪业务错误而设置的核算账户。此后，李森一再动用错误账户，将自己失败的交易记入其中，用以掩盖损失。巴林银行总部对新加坡分行作过多次审计检查，却未能发现问题。截至1993年12月，新加坡的期货交易已造成损失约1900万英镑,而报告上却显示盈利900万英镑。随着时间的推移,错误账户使用后的恶性循环使新加坡分行的损失越来越大。

为了挽回损失,李森竟不惜作最后的一搏。1995年1月,李森看好日本股市,分别在东京和大阪等地买了大量期货合同,指望在日经指数上升时赚取大额利润。

日本关西大地震击碎了李森的美梦,日经指数不涨反跌,他持有的头寸损失巨大。此时,如果李森能当机立断斩仓,损失还是能得到控制的,但一向自负的他在1995年1月26日以后仍大幅度增仓,妄图挽回损失,致使损失进一步加大,已经超过10亿英镑,而巴林银行自有的几亿英镑资本金根本无法弥补这一损失。

已经赔光了整个巴林银行的李森与妻子踏上了逃亡的旅程,他们相继辗转文莱、马来西亚,最后抵达德国。1995年3月2日,李森和妻子在法兰克福机场被警察通缉归案,后来被引渡到新加坡受审。根据新加坡《证券交易法》,李森因欺诈罪被判有期徒刑六年半。

巴林银行缺乏有效的内控机制和有序的监管措施,是李森的肆意妄为能够得逞的直接原因。在新加坡分行,李森既担任期货交易首席交易员,又直接负责管理期货交易的后台清算,这就为他逃避监管创造了条件。同时,巴林银行的风险意识十分薄弱,在知道李森在关西大地震后仍在增加仓位之后,巴林银行总部仍继续在1995年1—2月将大量资金调拨给新加坡分行。此外,在新加坡分支机构的组织形式上,巴林银行的考虑也欠周详,如果注册独立核算的全资子公司而非分行,也不足以拖垮整个银行系统。

第五章

内部管理失控与风险管理

2．组织形式老化

企业的组织形式多种多样，分为直线制、职能制、直线职能制、母子公司制、事业部制、矩阵制、多维立体制等。企业应根据市场环境、自身规模、产品特点等因素建立适应强的组织形式。如果企业不能随着外部环境和内部条件的变化而适时调整自己的组织形式，很容易因自身的组织结构适应差而陷入风险。

目前，传统的直线职能制依然是我国企业组织形式的主体，半数以上的企业仍采取直线职能制，尤其是中小企业和中西部地区企业采用直线职能制的比重较高。采用事业部制的企业比例只有10％，与国外大型企业大量采用事业部制的现实相比，我国大型企业在采用事业部制方面与中小企业并无多大分别。另外，有2.6％的企业对自己所采用的组织形式不甚清楚。战略联盟、虚拟企业、供应链管理等涉及企业间关系的组织形式已经在变幻莫测的竞争环境中脱颖而出，成为新型企业运作模式，具有适应市场能力的高度灵活性，从而降低企业陷入风险的可能性。

3．机构臃肿，人满为患

机构臃肿、人满为患的问题困扰着许多企业。过分强调职能管理是造成企业机构臃肿的主要原因。机构臃肿具体表现为：组织层次繁多，部门林立，负责执行信息传递和监督基层员工的中间层次的管理人员众多，等级森严。由于各职能部门运转成本通常由整个企业分担，而管理者总希望增加下属人员的数目以获得更大的威望和影响，这就使得各部门天然具有扩张倾向。同时，部门理所当然地"享有"对某项职能的"垄断"，从而滋生官僚习气。因此，个别企业内人满为患，人浮于事，办事拖拉，严重影响企业管理的效率。

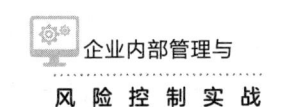

案例　倪润峰剖析长虹的大公司病

自1985年以来，长虹在倪润峰的领导下，以创"世界名牌"为战略目标，以"产业报国，振兴民族工业为己任"为经营理念，逐步发展成为中国最大的彩电生产基地。到2000年，长虹的资产总额从当年的2600余万元猛增至130多亿元，特别是1993年至1998年期间，其产值、销售收入和利润年均增幅都在50%以上。

在中国股市上，长虹曾是股市的风向标加领头羊，效益最好时，每股收益高达2.97元。1989年，长虹发动了第一次价格战，将彩电价格归于合理。这次价格战成为长虹的转折点，长虹一炮走红，市场占有率大幅度扩大，总利润也大幅度提高。1996年，为了挑战国外品牌，长虹发动了第二次价格战，将市场占有率迅速提高到35%，成为中国彩电第一品牌，虽然单位产品利润摊薄，但由于销售量的大幅度增加，总利润并未受到影响。1998年，长虹利润达到29亿元。吃过降价红利的长虹集团，又多次搞起价格战，却适得其反，1999年利润降为8亿元，2000年降为7亿元。到2001年中期，利润只有2056万元，每股收益只有0.01元。

2001年2月12日，早已因病休养而辞去总经理一职的倪润峰出任长虹CEO，并兼任长虹最重要的四个职位：董事长、CEO、党委书记、法人代表。6月7日，复出后的倪润峰公开对媒体宣称：长虹得了"大公司病"，而且"病得不轻"。

倪润峰对媒体坦言，首先是自己得了"大公司病"，继而指导着长虹过早地也患上了"大公司病"；想成为大公司没错，但

第五章
内部管理失控与风险管理

在成为大公司之前，就过早地患上了"大公司病"，摆出大公司的架势。事实上，按照长虹以当时的销售收入水平来算，在世界上还是个中型企业。

倪润峰进一步指出，长虹的"大公司病"的"临床症状"主要表现在以下两个方面：

其一，"高烧"。企业的高速增长让管理者头脑发热，缺乏冷静的思考，忽视了不少企业固有问题，使得长虹陷入低谷。

其二，"肥胖"，企业组织结构膨胀，管理层级增多，决策执行效率大打折扣。长虹过早地将自己定位成"大公司"，组织结构、管理方式、人员配置都是按大公司模式来确定的，中层干部从130多人增加到330多人，不但有"二级中层干部"，还出现了"三级中层干部"。

既已诊断出长虹的问题，倪润峰复出后立即对症下药，采取了一些针对措施：撤销了11个职能部门，裁减了46%的中层干部，待遇向技术部门倾斜；加强技术研发，推出领先世界的精显背投彩电；走出国门，借助中国加入世贸组织的契机，扩大美国、俄罗斯、东南亚销售市场；努力提高市场反应能力等。

4．部门本位主义严重

追求部门利益的最大化将导致部门本位主义现象严重，影响企业整体目标的实现进程和企业的整体效益，使企业陷入风险。由于不同的职能部门具有不同的任务目标和考核标准，每个部门只关心本部门的工作，并以达到上级满意为标准，过度追求部门利益最大化，未必带来企业整体利益最大化。比如，生产部门为追求单位产品生产的低

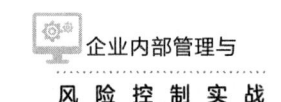

成本，倾向于扩大生产规模，但生产规模的扩大却造成产成品的大量积压，给物流部门造成巨大的仓储压力；物流部门为降低运输费用，规定供货必须凑足整车才发运，打乱了销售部门的促销计划；销售部门为了提高销售业绩而采取各种促销，造成这一时期生产部门的超负荷运转；但由于市场容量的限制，平时销量平平，造成生产部门能力利用不足等。

5．业务流程被人为割裂

企业内的各职能部门，如同"铁路警察，各管一段"，将完整的业务流程分割在多个职能部门，每个职能部门所从事的工作只是其中的一部分。业务流程被人为割裂，造成以下不良的后果：第一，为了使业务流程各环节衔接起来，需要许多管理人员作为企业管理的信息储存器、协调器和监控器，业务流程的大部分时间耗费在部门之间的衔接工作上；第二，业务流程在各部门之间的顺序流动，必须完成上一环节的工作才能进入下一环节的工作，一旦某个环节出现延误，很可能造成延误的累积，延误程度进一步加剧，造成企业对市场反应迟缓；第三，缺乏对整个业务流程负责的机构或人员，对于业务流程中出现的问题，部门之间容易扯皮、责任不清；第四，可能增加各部门之间很多重复劳动。比如，美国有一家大型保险公司，随着业务的迅速发展和管理工作的日益复杂化，客户索赔竟然要经过250道程序，严重影响服务水平。

随着信息化在全球的发展，许多企业加快了信息化的步伐，却并未带来管理效率的提高，原因就在于企业未对不合理的业务流程进行改进，结果导致"新技术+旧组织=更高成本的旧组织"。

6．员工适应性差，组织文化保守

过细的劳动分工，让员工失去持续成长的机会，让工作失去意义感。

第五章
内部管理失控与风险管理

长此以往，员工安于现状，工作缺乏积极性、主动性、责任感，组织的创新能力因此而大大降低。同时，过细的分工使得员工业务技能只能侧重于某个领域，影响综合的客户服务能力。

二、业务流程再造与组织风险管理

业务流程再造既是组织风险预防的有效措施，也是组织风险处理的重要手段。第一，从其着眼点来看，业务流程再造具有明确的顾客导向、竞争导向、环境导向；第二，从其追求的效果看，业务流程再造不是为了取得绩效的小幅提升，而旨在获得绩效的突飞猛进；第三，从其实施力度看，业务流程再造不是对企业业务流程进行小修小补或者渐进性的改良，而是从根本上重新建构组织结构，实现业务流程的重构。

中国企业度过了几十年快速发展的黄金期，近几年，随着"中国制造2025"和"一带一路"的持续推进，中国企业又将迎来智能化、信息化、互联网化以及"走出去"的大发展、大繁荣时代，经营环境也随之发生变化。现在很多企业开始面临规模增长困难而支出又持续上升的局面，许多企业都在苦苦寻找经营管理创新的突破口。正因为如此，"业务流程"一词再次走进中国企业各级管理者的日常工作，如果重组得当，业务流程再造可以对业务失败或停滞的企业产生奇迹。

企业的业务流程再造应把握以下主要原则：

1．消除组织壁垒

打通企业中部门与部门之间、部门人员与其他部门人员之间沟通的问题，消除他们之间的壁垒，做到沟通信息及时传递，保证工作效率。企业的基本组成单位不再是刚性的职能部门，而是不同的业务流程部门。整个企业的组织结构以主要流程为主干，每个流程都由专门的流程负责人进行领导，由各类专业人员组成的团队管理流程各具体环节，各关键

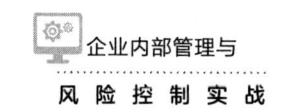

流程负责人直接受企业最高管理层的领导。

2. 实施团队工作法

以流程为中心的企业组织结构，需要高度负责任且具有多项技能的员工队伍做保证，将不同人员的工作合并为一个工作，围绕最终的结果去实施再造，省去了中间的传递过程，从而加快速度，提高了工作效率，能够及时地对客户需求进行反应。团队工作法强调基于成员之间的信任和成员的一专多能，打破传统职能部门的界限，对不同的业务流程，建立不同的工作团队。团队工作法要求将决策的权力和责任下放到每一位团队成员，使他们能够随时根据流程运行过程中出现的问题，迅速提出相应的解决方案并付诸实施。

3. 职能部门成为流程管理团队的人才储备库

在实施业务流程再造之后，企业原有的计划、采购、生产、销售、物流、财务、审计、行政等职能部门的重要性退居流程之后，成为流程管理团队的人力储备库，为各流程管理团队不断培养并输送优秀的专业化人才。人力资源管理部门负责统筹规划、统一管理各职能部门员工的招聘、培训、激励等工作，以使流程管理拥有源源不断的合格的专业化人才供应来源。

4. 积极利用信息技术

信息技术是企业业务流程再造的坚强后盾。通过建立和完善内部网，将涉及企业安全性的信息相对封闭在企业内部在业务流程再造中进行信息收集的人员，应当尽心尽力地进行信息处理工作，保证信息尽量少地接触外部，从而避免或减少信息出现差错。通过信息技术，还能够使得分散经营和集中经营互相融为一体，通过分散部门的统一工作，促进工作目标的实现，改善公司的总体控制情况。

5．实现组织层次的扁平化

企业组织结构从层次高耸向层次扁平的方向发展，企业变得更为灵敏，反应速度加快。在企业流程再造过程中，应该不断连续和协调这些平行工序，不要简单地将他们结合在一起，避免出现重复工作、高额成本以及拖延整个过程的不良反应。一位受过良好教育且知识丰富的员工可以自我决策、自我控制，以保证能够快速执行企业的决策。

三、内控机制的完善与组织风险管理

进一步完善企业的内控机制有助于弥补企业各种管理漏洞，避免组织风险的发生。在组织风险发生之后，如果风险产生的原因未发现，或治理结构不合理，可能与风险控制机构、制度建设滞后相关，在组织结构上建立并完善权责分明、相互制衡、监督严密的内控机制，是企业解决风险的必然选择。

在制定完程序之后，企业还需要进行内部控制实施计划的设计。这个实施计划应该考虑到不同级别的员工、各种监管制度、企业文化的融合等要素。把实施计划"落地"，制定具体工作流程，明确责任，培训相关人员，不断优化流程，而不是止步于纸上谈兵。

内部控制的成功，需要体现在组织文化、内部环境、人员素质等方面。企业要不断地培育管理层和员工的风险意识、内控意识和合规意识，使其贯穿在企业的所有业务中，形成企业内部控制的良好氛围。

此外，内部控制也是提升企业治理现代化的基础。现代企业对内部管理要求越来越高，内部控制机制的建立和完善，势必促进企业整体治理能力的提升。

无论是公司管理者，还是独立董事、内部审计员、其他监督人员，或是一般股东，对于企业内部控制机制的建立和完善，都具有促进公司

发展和保障其利益的重要意义。

※ 生产风险管理

一、生产风险的预防

生产风险的预防，重在减少生产过程中可能导致产品质量问题和生产事故的发生。精益生产与六西格玛管理是近十几年来流行起来的预防生产风险的重要方法。

1．精益生产

精益生产是美国麻省理工学院对日本丰田生产方式的研究和总结，它适用于各种类型的企业。服务型企业也可以采用精益生产管理来提高客户满意度、降低成本、提高效率和质量，例如，银行可以通过精益生产管理优化流程、减少排队等待时间、提高客户服务质量等；零售业企业可以通过精益生产管理优化库存管理、降低缺货率、提高供应链效率、降低成本等，例如，沃尔玛就是通过精益生产管理成为全球最大的零售商之一；医疗行业企业也可以采用精益生产管理来提高病人满意度、缩短等待时间、降低成本、提高医疗质量等，例如，美国的梅奥诊所就是通过精益生产管理提高了医疗效率和质量，成为全球知名的医疗中心之一。

精益生产以准时制生产、全面质量管理、并行工程、团队工作法为其支柱。

（1）准时制生产

所谓准时制生产，是指只在需要的时候，按需要的数量，生产所需的产品，以杜绝超量生产所造成的库存和浪费的生产方式。准时制生产

第五章
内部管理失控与风险管理

寻求达到以下目标：废品率最低、准备时间最短、库存量最低、搬运量最低、机器损坏率低、生产提前期短、物料批量小。

准时制生产以最终顾客的需求为生产起点，强调物流平衡，前一道工序严格按照后一道工序要求的时间和数量供应所需零部件，由看板传递零部件需求信息，以减少库存乃至实现零库存。为确保准时制生产的实现，企业必须与供应商之间建立紧密的合作关系，且空间距离不能太远或已经形成稳定、可靠的运输途径。

（2）全面质量管理

全面质量管理强调质量是生产出来而非检验出来的，由生产中的质量管理来保证最终质量，质量管理的过程涉及企业每一个环节、每一位员工。质量管理不只是质量检验部门的职责，全面质量管理要求企业各个管理阶层、各个职能部门担负起本阶层、本部门的质量管理责任。上自企业最高领导，下至一线操作员工，人人都应关心产品质量，参加各种质量管理活动。如果在生产过程中发现质量问题，根据情况，可以立即停止生产，直至解决问题，从而保证不出现对不合格品的无效加工。

（3）并行工程

并行工程是指对产品及其生产和辅助过程实施并行、一体化设计，促使产品开发者始终考虑从概念形成直到用后处置等产品生命周期的所有因素，包括设计、工艺、制造、装配、检验、维护、可靠性、成本、质量等的一种系统方法。由于在开发阶段就已经考虑了生产阶段的一系列问题，并行工程可以有效避免生产阶段对已投资形成的实物系统的更改，减少成本，提高产品质量。

（4）团队工作法

团队成员在工作中不仅要执行上级的命令，更重要的是积极地参与，起到决策或辅助决策的作用。团队成员要比较熟悉团队内其他工作人员的工作，保证工作协调、顺利进行。团队工作法以较长时期的监督控制为主，而避免对每一步工作进行稽核。

2．六西格玛管理

六西格玛管理是企业为追求同业领先地位，而全面策划实施的持续规范化的质量管理策略。1987年，摩托罗拉公司最早实施六西格玛管理。此后，这种先进的管理方法因美国通用电气公司的传奇领导人物杰克·韦尔奇（Jack Welch）的介绍及实践而扬名全球企业界。其中，σ（Sigma，西格玛）是一个希腊字母，在统计学中用来表达数据的离散程度，即标准差。对于任何变量ξ，其标准差的计算公式为：

$\sigma = E(\xi - E\xi)^2$

在上述公式中，E为平均值符号。σ描述的就是变量与其平均值的离散程度，其数值越大，表明变量越分散，越有机会超出允许的偏差范围。质量改进的目标之一就是要使标准差变小。

传统的公司质量要求已提升至3σ，此时，产品的合格率已达到93.32%的水平，只有6.68%为废品。通过将质量要求提高到6σ，进一步缩小标准差，收窄数据分布的范围，可以大大减少产品品质落在允许的偏差范围之外的概率。达到6σ意味着每百万机会中缺陷数只有3.4个。

（1）高度关注顾客需求。六西格玛管理关注影响顾客满意的所有方面，它将顾客的期望作为目标，并且不断超越这种期望。企业从3σ开始，然后是4σ、5σ，最终达到6σ。

（2）高度依赖统计数据。在实施六西格玛管理的过程中，以数字来说明一切，所有的生产表现、执行能力等，都量化为具体的数据，成果一目了然。管理层可以从各种统计报表中找出问题所在，真实掌握产品不合格情况和顾客抱怨情况，而成本节约、利润增加等改善的结果，也都以统计资料与财务数据为依据。

（3）重视改善业务流程。六西格玛管理的重点是弄清产品产生问题的根本原因，认为质量是靠流程的优化，而不是通过对最终产品的严格检验来实现的。企业应该把资源放在认识、改善和控制原因上，而不是

第五章
内部管理失控与风险管理

放在质量检查、售后服务等活动上。六西格玛管理有一整套严谨的工具和方法来帮助企业推广流程优化工作。

（4）开展主动改进型管理。六西格玛管理的实施，需要各级管理者和员工认识到缺陷及问题的存在，主动思索解决办法，可以为企业做点什么，并自问：现在到达了几个σ？问题出在哪里？能做到什么程度？通过努力提高了吗？如此一来，企业就处于一种不断改进的过程中。

（5）推行无界限合作、勤于学习的企业文化。在实施六西格玛管理的过程中，当企业真正认识到流程改进对于提高产品质量的重要性时，就会意识到在工作流程中各个部门、各个环节之间的相互依赖性，加强部门之间、上下环节之间的合作和配合。由于六西格玛管理所追求的质量改进是一个永无终止的过程，而这种持续的改进需要高素质员工的配合，在企业中形成勤于学习的工作氛围。

案例：青岛澳柯玛的六西格玛管理

2002年6月，"中国冰柜大王"青岛澳柯玛股份公司在美国通用电气公司（GE）冰柜项目的全球招标中，击败惠尔普、三星等国际名牌，一举中标，成为GE冰柜产品的独家供应商。这是GE连续第三次惠顾澳柯玛。

2001年2月，澳柯玛在30多家竞标公司中脱颖而出，与GE签署了联合开发协议和冰柜出口协议。相比上一年度，出口增长实现翻两番，其中出口到北美市场的22万台冰柜无一投诉，成为北美市场有史以来第一家"零投诉"的冰柜产品供货商。

GE三顾澳柯玛，并非偶然。"GE的风格近乎'霸道'，"澳柯玛股份公司总经理助理孙长森全程参与了公司为GE家电总部贴牌生产（OEM）冰柜项目的攻坚谈判，"但是，与GE的合作也是让澳柯玛人感受最深的。"澳柯玛之所以被GE相中，得益于它从GE引进的六西格玛管理。这一先进的质量管理方法，被澳柯玛董事长鲁群生称作质量管理的"定海神针"。

在实施六西格玛管理之前，澳柯玛已经通过ISO9001质量管理体系、ISO14001环境管理体系和OHSAS18001职业安全卫生体系等国际认证。2001年澳柯玛又成为国家首批免检产品生产企业，产品连续三年在全国范围内免检。在质量控制和管理方面，澳柯玛走在了我国企业的前列。

在此情况下，澳柯玛仍义无反顾地决定实施六西格玛管理，与GE的示范效应密切相关。GE是六西格玛管理的忠实推崇者，该公司当时的首席执行官韦尔奇认为六西格玛管理是"公司历史上最大一次发展、赢利和让每个人满意的机会"。澳柯玛认识到，要在全球范围内提供高品质、个性化的产品，首先质量管理要站在世界的前沿。

2000年底，孙长森和集团另一位副总赴上海GE参加六西格玛管理培训，将六西格玛管理的真经带回了澳柯玛。随后GE又派工程师到澳柯玛，为澳柯玛挑选的骨干力量培训了一个月的六西格玛管理。从那时起，澳柯玛有了自己的三位黑带和20多位绿带。

到2002年6月，澳柯玛已经完成了一个六西格玛项目——冰柜压机室盖板平面度改进项目，冷冻箱内胆连接条缝隙改进、箱体发泡外溢改进和回气管探出箱体长度改进等三个六西格玛项目正在进行之中，完成后将使生产工序质量控制水平提高到4.5σ。

在实施六西格玛管理的过程中，澳柯玛制订了"人人参与质量管理，管理在细微处见功夫"的方针，质量管理从选择零

第五章
内部管理失控与风险管理

> 部件配套厂家做起，贯穿于产品生产、出库、售后服务之中。
>
> 　　澳柯玛技术专家瞄准美国市场推出的超级节能王冰柜，不仅一次性通过了美国UL认证，而且能耗比美国2001年DOE能耗标准还低8%，日耗电量仅相当于30瓦的灯泡，获得了美国能源部DOE的认可，为打进美国市场有效地清除了技术壁垒。

二、生产风险的处理

1. 生产事故的处理

　　企业一旦发生生产事故，在风险处理中，有以下几点需要引起重视：

　　（1）迅速控制生产事故的蔓延。这是生产事故发生后，企业所面临的第一要务。企业控制措施越有效，损失就越小。如果企业风险管理计划缺乏、风险预警系统失灵、事故急救设施短缺、生产现场人员缺乏应急知识等，生产事故给企业带来的损失是不可挽回的。生产事故发生以后，需有人员立即响应，按照既定的风险管理计划，运用正确的方法使用正确的设施，实施相关的抢救行动。

　　（2）尽快启用后备生产能力或恢复生产。生产事故发生后，为了不影响企业的市场销售，确保企业的履约能力，企业一方面应尽快寻找并启动后备生产能力，另一方面需要尽快修复被破坏的生产场所。

　　对于拥有多个生产工厂的企业而言，应努力开发其他工厂的生产能力。通过对其他工厂产品生产线的适当调整，弥补生产事故所造成的生产能力缺口。对于自身后备生产能力不足的企业，应在对产品设计进行适当改进的基础上，尽快委托符合条件的其他生产商作为定牌加工厂商。

　　为了恢复事故发生工厂正常的生产秩序，企业需要尽快清理事故现场，列出被破坏设备的清单，并及时与设备供应商联系，请求他们迅速

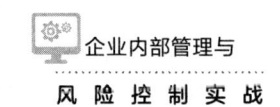

提供相应的设备。对于事故所造成的原材料损失，应取得原材料供应商的大力支持。企业还需要根据员工的伤亡情况，确保恢复生产所需的人力保障。

（3）注重员工的心理恢复工作。生产事故的发生，对员工将造成巨大的精神创伤，影响员工的生产效率。在妥善对伤亡员工进行抚恤的基础上，企业需要借助高素质、经验丰富的专业人员，如心理医生、风险管理专家等的帮助，加强对员工的心理恢复工作，帮助人们从事故的阴影中解脱出来，重新开始正常的工作和生活。

（4）加强对员工的安全教育。为了防止生产事故的再次发生，企业应在对事故发生原因进行认真调查和对事故发生的教训进行深刻总结的基础上，对全体员工进行系统的安全生产教育。

2．产品质量风险的处理

由于产品质量而引发的风险，处理过程中需要突出以下几点：

（1）迅速召回有问题的产品。迅速召回有问题的产品是防止产品质量风险进一步蔓延的有效措施，同时，有助于维护企业在公众心目中的形象。产品召回需要企业与经销商密切配合，给经销商造成的损失，企业要予以相应的补偿，才能调动经销商的积极性。补偿的方式包括给予一定的劳务费、延缓货款的结算周期、授予经销商其他畅销产品的独家经销权等。对于已经召回、不具有重新改进价值的产品，如食品等，企业要采取妥善的方式予以销毁；对于局部出现质量问题的产品，如机械设备等，企业要对产品有问题的部分进行重新设计，在更换零部件或重新生产、达到质量要求后，再返还给顾客。

（2）对受害者进行赔偿。对于产品质量问题所造成的损害，企业应在客观调查受害者的损害程度的基础上，对他们进行赔偿。不少企业在对受害者进行赔偿的问题上，过于计较，态度傲慢，结果贻误了风险处理的有利时机，使风险的影响不断扩大。而有些企业在赔偿问题上则具

第五章
内部管理失控与风险管理

有"伤其十指,不如断其一指"的勇气和魄力,将风险降低到最小值。

(3)致力于产品质量的改进。改建产品质量,可以从设计环节入手,也可以从生产环节入手。有些产品的缺陷与产品设计不合理密切相关,需要企业对产品重新进行设计,采用性能更优越的原材料,设计更合理的产品结构。有些产品的缺陷则产生于生产组织不合理,生产线布局不科学,机器设备老化、陈旧,生产管理的规章制度不健全,或生产管理的规章制度执行不严,需要对这些问题予以解决。

(4)努力恢复产品形象。在改进产品质量的基础上,恢复产品形象对于企业重新夺回自己失去的市场份额非常关键。恢复产品形象的手段多种多样:对产品品牌和包装进行更新,使顾客很容易将新产品与有问题的旧产品区别开来,树立崭新的产品形象;还可以通过开展大型的广告宣传,致力于让公众了解新产品的特点以及与旧产品的区别;也可以通过策划一系列的公关活动,如开展对社会公益活动的赞助、对潜在消费者派送一部分新产品等,获得公众的好感与支持。

※ 营销风险管理

企业的营销风险可能源于企业营销决策方面的失误,也可能源于企业营销组合的失误,从而导致营销活动受阻、失败或达不到预期营销的目的。

一、产品风险管理

当企业发布的产品与市场需要相脱节,造成产品大量积压时,就形成了产品风险。产品风险的预防与处理有以下途径:

1．注重对顾客需求的市场调查

在产品设计与生产之前，对顾客需求的调查或者调查不充分，是导致产品积压的重要原因。深入细致的市场调查有助于企业开发适销对路的产品，进行准确的产品定位。

如何获取年轻群体的青睐，成了众多酒企的共同命题，当众多酒企冥思苦想时，江小白在年轻群体这片低迷的市场上异军突起。它重新定义了时尚小酒，也开创了白酒的一系列时尚喝法。江小白本是重庆的一个小酒品牌，提出"年轻化"的产品定义后，将目标群体锁定在18~30岁的喜欢时尚和文艺的青年身上。从此，江小白成为年轻人爱喝的一款时尚小酒。为了迎合消费群体的需求，江小白还发明出108种喝法，深得年轻人的喜爱。同时，江小白发明了许多语录，主打放松、惬意的青年文化，与年轻人深深共情，一举赢得年轻人的心，更好地汇聚了粉丝的力量。

市场调查的方法多种多样，可以采用询问法、观察法、实验法、文献分析法、统计分析法、专家意见法等。调查问卷的设计要全面，不遗漏重要事项；要客观，能够让被调查者自由作答，备选答案不能对他们有诱导作用；文字表达要简洁明了，不产生歧义；问卷的发放对象选择要有代表性。

2．积极开展新产品研发

新产品研发可以给企业带来新的机会，帮助企业拓展市场份额，是企业发展的重要手段之一。面对业已发生的产品风险，尽快开发出符合市场需要的新产品是企业走出困境、摆脱风险的有效举措。新产品研发的相关问题，我们将在技术创新风险管理一节中进一步讨论。

3．实施大规模定制化

大规模定制是指定制生产与大规模生产的有机结合，依托大数据和

第五章
内部管理失控与风险管理

现代信息网络技术,为顾客提供个性化的定制产品,满足不同顾客的差异化需求。大规模定制的实施,可以使企业完全按照顾客的订货要求开展生产,减少库存积压。

开展大规模定制最成功的例子是戴尔公司。它从1984年成立之时起就建立了直接模式:真正按照顾客的要求来设计、制造产品,并将产品在尽可能短的时间内送到顾客手上。戴尔公司每年生产数百万台个人计算机,每台都是根据客户的具体要求组装的。这样,不仅使顾客得到最大的满意度,同时也大大降低了零配件和产品的库存积压。戴尔公司的平均存货期只有6天,而中国最优秀的计算机生产企业联想集团的存货期也要30天。戴尔公司独特的直接模式使其在IBM和康柏占据着大部分份额的美国计算机市场上迅速崛起,在随后的十几年中,业务扶摇直上。在美国PC机市场上,戴尔的市场占有率已超过了IBM和康柏,于1998年在全美最受赞誉的公司中排名第四。戴尔公司的大规模定制模式目前被人们称为"戴尔制",以区别于以前以大规模生产著称的"福特制"。

大规模定制主要通过以下两种途径实现降低成本的目的:

(1)实现范围经济。在大规模生产模式中,低成本主要是通过规模经济实现,通过提高产出水平和生产效率来降低产品的单位成本。而在大规模定制模式中,低成本可以通过范围经济来实现,通过使用柔性制造技术,实现生产过程的自动化和标准化,完成多种产品的定制化生产,从而降低生产成本。

(2)减少无谓的浪费。大规模定制是根据顾客的实际订单来组织生产的,可以有效避免大规模生产可能带来的产品滞销、积压而造成的成本损失,加快产成品的周转速度,减少原材料的储备时间和储备数量,提高资金的使用效率,使定制产品的成本接近、达到甚至低于大规模生产的产品成本。

4．调整产品组合策略

企业应根据消费需求的变化趋势、竞争者的竞争战略和企业当前不同产品线或产品项目的盈利能力，及时调整产品组合策略，以预防产品风险。调整产品组合策略也是企业处理产品风险的重要措施。调整产品组合策略包括：

（1）扩大或缩减产品组合。在市场发展前景向好、竞争者尚未大量进入之前，企业应致力于扩大产品组合的广度，适当增加产品线；或者加大产品组合的深度，生产多样化的同类产品，为顾客提供更多的选择权。在竞争非常激烈、市场需求饱和的情况下，企业应致力于缩减产品组合的广度，从盈利能力较弱或亏损的产品线中撤出来，集中力量搞好竞争能力较强的产品线的生产；或者缩减产品组合的深度，放弃那些盈利能力较弱或亏损的产品项目，集中力量搞好重点产品项目的生产。

（2）实施产品线延伸策略。在高档产品市场竞争激烈、需求有限，而低档产品市场需求旺盛、存在着较多发展机会的情况下，企业可以利用自己尚未充分利用的资源，实施向下延伸策略，从高档产品市场向低档产品市场延伸。此时，企业必须注意在两种不同档次的市场之间建立有效的区隔屏障。例如，为不同档次的产品确定不同的品牌，使得向下延伸策略的实施不会破坏原有的高档产品形象，不会挤占原有的高端市场。

在高档产品市场利润率高且未饱和，而低档产品市场竞争激烈的情况下，企业如果拥有适合进入高档产品市场的资源，可以实施向上延伸策略，从低档产品市场向高档产品市场延伸。此时，企业需要考虑：凭借企业的实力，能否确立高档产品的市场地位。否则，可能面临很大的产品风险。

对于一直生产中档产品的企业而言，随着消费需求和竞争形势的变化，可以考虑实施双向延伸策略，向高档产品市场和低档产品市场延伸。

第五章
内部管理失控与风险管理

5．重视提供扩大产品

完整的产品概念包括核心产品、形式产品与扩大产品。在这个完整的产品概念中，核心产品为顾客提供最基本的效用或需求，如电冰箱的制冷功能；形式产品是指顾客对某一基本需求的特定满足形式，如电冰箱的质量、款式、品牌、颜色、容积等；扩大产品是指与产品相关的各种附加服务，如说明书、质量保证、送货、维修、技术培训、安装等。其中，扩大产品最容易被企业所忽视。而企业一旦重视附加服务，则很容易在市场上脱颖而出，在竞争激烈的市场中获胜。

6．改进产品包装

美国杜邦公司自创建以来，一直奉行"生产高质量的产品就会赢得顾客"的理念，在消费市场的角逐中占据优势。但随着市场的繁荣，杜邦公司的市场占有率竟日趋下降。这引起了公司高层管理者的重视，通过开展市场调查，他们提出了著名的"杜邦定理"：63%的消费者首先是根据商品的包装作出购买决策的。而忽视包装正是一些企业的产品在市场上遭受冷遇的重要原因。因此，当产品出现滞销时，企业应该审查包装是否是造成滞销的原因。如果答案是肯定的，应根据顾客的喜好，重新进行包装设计。尤其是对于主要用作礼品的产品或高档产品而言，实施包装改进能达到显著的效果。

二、价格风险管理

由于价格策略的选择错误，或价格策略的执行不力，造成企业的市场份额或盈利能力大幅度下降时，就容易引发价格风险。价格风险管理需注意以下事项：

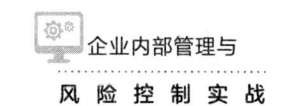

1. 综合考虑影响定价的各主要因素

影响企业价格决策的因素是多方面的，在确定价格时，需要综合考虑产品的成本、产品生命周期、市场竞争状况、顾客需求状况、政府价格管理等多种因素，片面强调某一方面的因素而忽视其他方面的因素，产品价格往往会脱离实际，不具备竞争力。

广州乐华公司创立之初，以研制、生产和销售彩电为主，成功研制出中国第一台壁挂式等离子彩电，并采用低价格策略抢占了不少市场份额，在不到两年的时间之内，乐华便名声大噪，成为当时中国彩电业成长速度最快的企业。这种低价格定位，在产品进入市场初期是有效的；但是，当市场占有率达到一定比例后，要调整价格策略，努力提升品牌形象。乐华公司却仍奉行低价格策略，努力节约成本想方设法购买价格低廉的零配件，结果形成了大量的质量隐患，因此很快就失去了市场基础，从波峰跌入谷底。

2. 避免价格成为单一的竞争手段

价格只是企业市场营销组合的基本手段之一，过分依靠价格作为竞争手段，不利于企业的可持续发展，具体表现为：第一，由于产品高度同质化，一旦市场上出现热卖的产品，众多企业便纷纷效仿，造成企业之间的恶性竞争。浙江永康的保温杯、滑板车，以及温州的灯具等都因为简单模仿、过度竞争而导致整个产业集群在红极一时后迅速消退，教训相当深刻。第二，为了追求低价，引发了用低工资的不熟练劳动力代替高工资的熟练劳动力，用低价、劣质原材料、零部件代替高价、优质原材料、零部件的倾向，出现"劣品驱逐良品"的不合理局面，最终影响产品的质量。第三，一味的低价格竞争使得企业利润下降，造成研发投入不足，创新能力下降，难以实现向差别化竞争的转变，使企业陷入价格战的低效率旋涡之中。

第五章
内部管理失控与风险管理

3. 调价应考虑竞争对手的可能反应

价格策略的成功运用，必须以竞争对手无法实施有效的反击为前提。尤其在市场容量饱和的情况下，在企业实施降价行为之后，为了避免自己的市场份额被侵占，竞争对手往往实施针锋相对的降价策略，使企业的降价行为失去了意义，结果导致各企业之间的市场份额变化不大，而整个产业的整体利润水平却大幅度下降，事与愿违，损害自身利益。因此，企业在进行价格调整之前，不仅要考虑消费者的反应，还要考虑竞争对手对企业产品价格的反应。

格兰仕是一家广东民营企业，曾有"价格屠夫"的称号，原因在于其一直坚持价格战策略，逐渐占领微波炉市场。1993年，格兰仕从日本、美国、意大利引进先进的微波炉生产设备和技术，进入微波炉行业，年销量达1万台；1994年，销量为10万台；1995年，销量达25万台，市场占有率为25.1%，超过当时的龙头老大蚬华成为全国第一；1996年，销量为60万台，市场占有率达34.7%；1997年，销量为125万台，市场占有率达49.6%；1998年，销量为315万台，内销213万台，市场占有率为61.43%，而蚬华内销规模已不到15万台。2000年，格兰仕生产微波炉1200万台，占全球市场份额近35%，占中国市场份额近70%。

对于格兰仕而言，它的产销规模每上一个台阶，就大幅下调价格。当它的规模达到125万台时，就把出厂价定在产销规模为80万台的产品成本价以下。当规模达到300万台时，格兰仕又把出厂价调到产销规模为200万台的产品成本线以下，这一调价策略一举击垮产销规模低于200万台且技术无明显差异的企业。在达到1200万台的生产规模之后，格兰仕将经营保本点从1999年的200万台调高到2000年的四五百万台，进一步下调了价格。在短短的数年之内，原来售价在2000～3000元一台的普及型微波炉一直降到300元以下。格兰仕有了坚实的规模经济作后盾，自此格兰仕的降价行为令竞争对手再难以反击。

三、渠道风险管理

渠道设计错误或渠道管理混乱都可能引发风险。渠道风险的预防和处理可以从以下几方面入手：

1．合理选择或变更营销渠道

营销渠道的选择取决于以下因素：

（1）产品特性。不同的产品特性决定了营销渠道的模式。比如，对于市场使用面广的易变质产品而言，应采用短渠道、宽渠道，减少中间环节，增加同一层次的经销商数量，直至采用直接渠道，由生产企业直接建立经销网点进行销售；对于机器设备、生产所需的原材料而言，采用短渠道，乃至直接渠道同样较为适宜；对技术含量高、售后服务要求严格的产品而言，适合采用直接渠道。

（2）企业状况。财力雄厚、品牌知名度高、拥有营销经验的大企业，可以考虑自建营销渠道；产品组合的广度大、产品线较多的企业，与顾客直接打交道的能力较强；产品组合的深度大、产品项目较多的企业，可以考虑采用窄渠道，选择分销策略或独家销售策略。

不同的产品线之间关联度较高的企业，可以利用同一渠道分销所有的产品。

（3）竞争状况。如果企业生产的是与竞争对手差别较大的异质产品，则可以考虑采用与竞争者相同的渠道，一般不会对企业的销售业绩造成影响；如果企业生产的是与竞争对手差别不大的同质产品，则应考虑采用与竞争者不同的渠道，否则，会影响企业的市场销售业绩。

（4）宏观环境。在经济萧条时期，应尽可能选择短渠道，以减少中间商环节，降低分销成本。

一旦企业的销售业绩不理想，或外部环境发生变化，企业应审视渠道选择是否正确，重新设计渠道模式。

第五章
内部管理失控与风险管理

2. 认真遴选或更换经销商

选择经销商需要对其资金、场地、信誉、客户资源、销售能力等因素进行考察。经销商必须拥有足够的流动资金，防止经销商货款结算不及时。对于具有较强的品牌优势的企业而言，可以要求经销商交纳一定数量的货款保证金。在选择批发商时，应重点考察其配送中心的仓储、配送能力及交通便利情况；在选择零售商时，主要考察其卖场的地理位置及可能提供给企业产品的展示面积。良好的信誉是经销商招徕更多的客户、及时向企业结算货款的保证，企业必须予以重视。经销商的客户资源是其市场拓展的基础，企业在选择经销商时，要注重考察经销商以往的经销特点，认真思考以下问题：经销商现有的客户群是谁？其现有的客户群是否适合企业产品的销售？经销商致力于开发的新客户群是谁？这些客户对企业产品的销售是否有利？经销商的市场拓展计划是否能够有效实施？企业还应取得近几年来经销商销售业绩的具体数据，以供考察其实力。

如果企业现有的经销商销售业绩不理想，在给予其一定的整改期限仍不见效之后，企业应考虑重新选择经销商。在更换经销商的过程中，企业应努力确保市场拓展和顾客服务的连续性，以免造成不必要的损失。

3. 加强营销渠道管理

在与经销商签订的经销合同中，需要明确经销商的权利与义务。其中，权利包括供货保证、质量保证、价格折扣、促销协助、滚动结算、退换货保证、相关培训等，义务包括实现销量要求、执行企业的价格政策、提供市场信息、配合企业的促销行动、承担相应的售后服务工作等。

企业应按照合同中确定的考核标准对经销商的业绩进行考核与评估，对于业绩良好的经销商，可以运用以下一些方式进行激励：续签经销合同，授予地区独家经销权，提供更高的价格折扣，提供促销资金和促销宣传品支持，提供人员培训及支持等。企业可以通过以下措施实现对经销商的有效制约：要求经销商交纳保证金，降低或取消价格折扣政策，取消促销支持。通过这些制约措施，促使经销商完成销售任务指标，防止经销商压价或抬价销售，确保促销资金、促销宣传品的正确使用。

四、促销风险管理

促销策略的失误，直接影响企业的营销业绩及促销效果。为了避免企业陷入促销风险，或者减少促销风险的损失，应注意以下问题：

1．选择合适的促销方式及其组合

为了宣传企业产品的品牌，企业的促销方式可以采用多种形式，包括广告、人员推销、公共关系、营业推广等，企业应根据自己的经济实力、产品特点、品牌现状、市场态势等选择合适的促销方式，进行合理的促销组合。例如，对于地产地销的产品而言，在当地的主要零售网点开展营业推广活动就不失为一种理想的促销选择；对于技术性较强的生产设备而言，对重点的潜在顾客开展人员推销活动就极为重要；当产品在不同媒体大规模投放产品广告时，如果能够在主要城市的大商场配合以营业推广活动，则能大幅度提高销售业绩。

结合大众关注的焦点事件，开展促销活动、选择促销方式是当前许多企业的选择，也能收到较好的效果。2003年10月15日，神舟五号载人飞船成功发射，使中国成为世界上第三个可以独立进行载人航天活动的国家。这一事件成为国人关注的焦点，自然也就成为企业开展事件营销的对象。蒙牛、飞亚达、农夫山泉和中国人寿保险等企业有幸成为航天基金会指定的赞助商，促销效果显著。

第五章
内部管理失控与风险管理

2. 合理开展促销预算

在开展促销决策时，企业一定要考察自身的承受能力，超过自己的承受极限制订促销预算，很容易将企业引入促销风险的泥潭。我国很多明星企业都因为广告预算的冒进，导致品牌的长期发展受到影响。

3. 避免促销言行犯忌

在开展促销活动时，企业的促销行动、促销内容一定要考虑受众的文化背景、风俗习惯、价值取向以及政府的法律法规限制等。否则，不但促销效果不理想，还有可能遭遇市场抵制、消费者投诉。一旦发现促销行动或内容的不妥之处，企业应立即停止相应的促销活动，在作出相应的改进和调整之后再重新展开促销攻势。

"你泡了吗？泡了。你漂了吗？漂了。"浙江纳爱斯集团雕牌天然皂粉上述广告的播出，引发众多消费者的不满，被认为打了色情广告的擦边球。迫于舆论压力，纳爱斯不得不停播了上述广告，新广告在改头换面后又重新播出。

五、营销组合风险管理

为了成功赢得市场，企业的市场营销策略必须进行有效的组合。一方面，企业必须重视不同营销策略之间的配合，缺乏其他营销策略的配合，单一的营销策略可能孤掌难鸣，无法奏效，往往以失败而告终；另一方面，在确定营销组合时，企业还应防止不同的营销策略之间可能出现的矛盾与冲突，例如，当企业的促销策略大幅度宣传企业的产品领导潮流时，企业的产品策略却不能有效跟进，新产品上市速度迟缓，必然影响产品的市场拓展力度。

【案例】 金立：成也立荣，败也立荣

在中国移动互联网企业的滚滚浪潮中，曾有一支从南昌启航的队伍，在风雨中挺立数载，成为当之无愧的龙头，它就是金立手机。金立首创了智能"钛合金"手机外观设计，同样是国内首家推出"双卡双待"智能手机的品牌，极致轻薄的机身设计也被称为汽车工业中的先进工艺，在产品方面实现了品质化、个性化，给消费者不一样的体验，成为业内标杆。谁能想到，这样的企业一夜间负债百亿，因找不到接手企业，最终只能申请破产重组。

异军突起

2002年，刘立荣创办了金立，通过"农村包围城市"的策略迅速占领了手机市场的大片江山。在中国移动互联网企业的滚滚浪潮中，曾有一支从南昌启航的队伍，在风雨中挺立数载，成为当之无愧的龙头企业。

刘立荣，湖南益阳人，1972年生人。大学毕业后，刘立荣被分配到了天津市的一家研究所工作，即使在当时来说，能顺利分配到天津的事业单位工作，有一份很不错的收入，也是令很多同龄人所羡慕的。

然而，或许是湖南人特有的"敢为天下先"的性格使然，年轻的刘立荣很快便对研究所周而复始的工作和生活感到厌倦，对于拼搏创业的渴望，使这个20多岁的小伙子愈发不满足于按部就班的现状。于是，在研究所工作仅一年，刘立荣便毅然辞职，南下谋求发展。

1995年，刘立荣自天津南下，随后从中山小霸王到金正，凭借自身的努力与好学，逐渐成为行业翘楚。2002年初，刘立

第五章
内部管理失控与风险管理

荣逐渐从金正公司淡出。时值中国信息化产业浪潮在南方沿海地区涌动，手机等通讯产品一时间炙手可热，在很多湖南老乡和经销商的鼓动下，刘立荣成立了金立公司，开始涉足手机行业。2002年9月，深圳市金立通信设备有限公司正式成立，开始了长达十年的高速发展。

在功能机时代，金立完美的找到了自己的产品卖点，依靠着大电池所提供的超长续航能力。金立只用一年时间便达到了8亿销售额的业绩，此后金立便在国内手机市场中越来越火。在功能机时代，金立只用短短几年时间便成为国产手机厂商中的领导者。相信不少人还记得有刘德华所拍摄的金立广告片，"金品质，立天下"的宣传标语也在一时间传遍大街小巷。

在2006年到2009年这个功能机最后的黄金期中，金立更是接连创造销量佳绩，蝉联国内线下市场销量第一。在2010年，金立国内市场占有率仅次于三星、诺亚基，成为了真正的国产第一。然而这也是金立最后的辉煌时刻，自智能机时代开启，金立便一直是处于落后挨打的境况。"中华酷联"凭借着自己通讯技术上的优势在3G时代迅速霸占市场，逼得金立只能靠发展国外市场。

转战海外市场

2010年以后，金立手机已经远销40多个国家和地区，并且已经进入8个国家的运营商体系。当时，随着东南亚手机市场的不断成熟，金立国际化脚步也开始提速。

虽然金立在一众新崛起的智能机品牌中，无论是创新程度、品质把控还是风格差异化方面都不具备独特的优势，逐渐掉队，但是凭借着当年尚且丰富的现金流、"持久续航"的品质和商务风的定位，金立还是保证了一定的成绩：2016年其全球出货量为4000万台。不过要知道，当年华为的全球出货量已经达到了1.4亿台。

国内市场没有保住，金立的海外市场也呈丢盔弃甲之态。2012年，金立果断地抛弃了代工模式，在印度首推了自己的品牌，从此开启在海外高速增长的模式。2014年其印度出货量达到全盛的400万台。

然而随着小米、OPPO、vivo等同样物美价廉的国产手机杀入印度市场，缺乏卖点的金立没有及时从手机的用户体验、产品迭代方面补救，光辉随即黯淡下去。即便金立此后采用了广开市场的策略，将手机产品打入了缅甸、泰国、尼日利亚和一些欧洲国家，也终究水花寥寥。

战略失误

此外，研发创新投入力度缺乏，以及营销策略过于激进，也让金立自己苦不堪言。金立曾经以"金品质，立天下"的广告语宣传推广，2005年，金立手机拿到了工信部颁发的手机制造牌照，用1000万元重金聘请刘德华作为其品牌形象大使。或许是因为"华仔"的出现，金立手机月销量突破25万部，一匹黑马就此横空出世。

冯小刚作为国内知名导演，其商业价值自然不菲。2017年，金立全球销售额达到4600万台，其中冯小刚代言的高端系列M2017售价高达6999元，主打广告语是：传承经典，尊崇闪耀。尽管如此，M系列全球销量依然达到300万台。这一成绩表现十分出色，和当时处于国产手机中第一阵营的华为、OPPO、vivo净利润相差不大，都在100亿元左右。

金立在广告营销上不惜巨资，请红极一时的刘涛担任金立M7的代言人。在2017年的新品发布会上，金立一口气发布了8

第五章
内部管理失控与风险管理

款全面屏手机，覆盖了全价位段和全线产品，主打广告语是：安全双芯片，超清全面屏。金立因此也成为全球第一家全系产品转型全面屏的手机品牌。金立的一系列作品，售价从999元覆盖到4399元，满足不同收入人群的需求。

2010年，凤凰传奇组合的一首《荷塘月色》红遍大江南北，成为金立在代言人选择上唯一在音乐圈的人士。金立推出M500音乐手机，专门为凤凰传奇打造，主打广告语是：我的荷塘，我的音乐。

2017年，薛之谦凭借超高人气，成为金立手机S10的代言人，主打广告语是：四摄拍照更美。这款手机在发布之后就迅速火爆。可是，不久之后，薛之谦的人设就崩塌了，把金立打得措手不及，只得匆匆撤下了市场上的代言。

市场战略上的举棋不定，也让金立自己逐渐迷失了前进的方向：2010年金立主攻时尚和女性手机市场，到了2011年主打商务气质，然后又以"轻薄"为卖点来吸引年轻消费者。2015年，互联网模式走不通之后金立又重回商务风格，漫长的摸索过程导致其没能及时培养出高粘度的品牌粉，终究是昙花一现。

金立手机创始人刘立荣曾坦言，这两年（2016-2017年）金立在营销上开始学习OPPO和vivo，疯狂地砸钱打广告，请明星代言，赞助热播综艺节目。这些营销费用高达60多亿元。加上近三年对外投资费用30多亿元，两项费用接近100亿元。

最后一根稻草

2017年是金立手机的命运转折点，销量相比2016年呈现断崖式下跌。但是金立的财报显示上半年金立手机营收150多亿，净利润达到了7.5亿，没有任何倒闭的征兆。2017年下半年，金立庞大的支出导致货款周转困难，出货量骤减，资金链断裂。

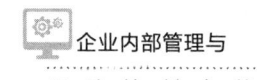

> 由此引发了多米诺骨牌效应，无数上下游供应商和银行，向金立讨债。原来金立已经负债达到211亿了，金立商业帝国轰然倒塌。然而，更要命的是，金立创始人刘立荣被爆出在塞班岛赌博输钱的消息，成为压垮金立的最后一根稻草，最终将金立推入了资本的冰窖，企业形象最终崩塌。
>
> 2018年3月，金立手机正式破产，累计欠债达到了173亿元，很多专利都被拍卖了。2023年3月2日，深圳市中级人民法院召开了金立破产清算第一次债权人会议。
>
> 曾经意气风发的青年，欠下巨债后下落不明。刘立荣一手打造的金立帝国，也被他亲手毁灭，因过度营销，企业负债200亿元，最终只是一地鸡毛。

※ 人力资源风险管理

一、人力资源风险的主要表现

随着经济全球化和信息时代的到来，企业面临的竞争和挑战越来越多，人力资源风险也变得越来越重要。人力资源风险管理是指企业在人力资源管理过程中，识别和评估可能出现的风险，制定相应的应对策略和计划，以确保企业的人力资源管理能够实现预期目标，并在最大程度上降低风险。

人力资源风险的独特性在于人力资源的独特性，它不仅具有一般资源的共有风险，还具有独特的、专有的风险，如增值风险、保密风险、竞争风险等，而且这种风险就存在于日常的人力资源管理工作中。

第五章
内部管理失控与风险管理

创建于1998年的拉夏贝尔企业，2012年还只有区区1200家门店；到了2018年，拉夏贝尔在全国的门店数量近万家，这是拉夏贝尔的"高光时刻"，一度被媒体称为"中国版ZARA"。

可是，自2018年起，这家企业在三年内陆续关停了9000多家门店，原因就在于其所执行的"盲目扩张"的发展战略是错误的，直接导致资金缺口和资金压力越来越大，最后不得不靠关店来压缩开支。但为时已晚，2019年，公司已亏损达到21.66亿元。拉夏贝尔为了自救，开始将服装疯狂打折促销，将拉夏贝尔的品牌溢价毁灭得荡然无存，拉夏贝尔已无回天之力。

这家企业犹如过山车似的发展，要归因于对企业战略的判断失误——盲目扩张！人力资源风险主要有以下一些表现形式：

1．人才大量流失

人才是企业竞争力的主要源泉，人才核心能力是企业核心竞争力的关键因素。核心员工的大量流失，一方面破坏了企业固有的组织结构和合作模式，造成人才的不足，另一方面，流失的员工很有可能被竞争对手接纳，不但增强了竞争对手的实力，而且很容易导致企业技术诀窍和商业机密的外泄，对企业造成巨大的冲击。

例如，20世纪90年代，小霸王产品可谓家喻户晓，但在1995年，当时的总经理段永平与控股方在经营战略上出现重大分歧，另立门户，创立了生产同类产品的步步高，并带走了小霸王公司一批技术骨干及经营管理人才，使小霸王迅速跌入深渊。

导致企业人才大量流失的现象，主要有以下几种原因：第一，企业财务状况不好，效益不佳，前景暗淡；第二，企业缺乏对员工的有效激励，员工薪酬长期得不到提高，升迁缓慢；第三，股东与经营管理层之间以及经营管理层与员工之间上下不同心，思想不统一；第四，企业缺乏有效的学习和培训的机会，员工素质难以得到提高；第五，企业文化

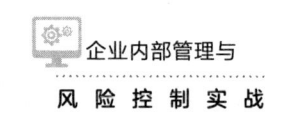

建设滞后，使得企业员工的向心力不足；第六，竞争对手处于迅速成长或扩张时期，以优厚的待遇吸引人才，"挖墙脚"现象非常严重。

2．企业某位核心人物突遭不幸

大多企业都会拥有至少一位核心人物，对当前及未来的成功起着至关重要的作用。当企业的核心人物由于车祸、飞机失事、重大疾病等突发原因遭遇不幸时，很可能引发企业风险。尤其是对于上市公司而言，由于投资者信心的动摇，股票价格可能会出现大幅度的下挫。

3．员工士气低落

当感到待遇不公、工作压力太大、意见不被重视、企业发展前景渺茫时，员工的士气必然受到打击。员工士气低落具体表现为：劳动纪律涣散，迟到、早退现象经常发生；工作热情不高，工作积极性受挫；员工牢骚满腹，抱怨不断等。当低落的士气弥漫于整个企业时，必然大为影响企业的生产效率、盈利能力，甚至危及生产场所的安全。

4．员工素质低

由于不注重组织学习和员工知识结构的更新，造成企业员工整体素质低，不适应时代发展变化的要求。员工的整体素质不高，将拖累企业技术设备更新的步伐，造成新产品开发迟缓，不利于提高劳动生产率，影响顾客体验感。如果企业的经营管理层素质不高，则影响决策的效率和速度，容易忽视市场变化的本质与趋势，难以确保企业的可持续发展。

5．经营管理层与员工之间矛盾的激化

企业的经营管理层作为股东的代理人，对企业的资产进行管理，以确保其保值增值，其任务在于确保股东投资回报的最大化；而企业

第五章
内部管理失控与风险管理

的员工则通过为企业工作，取得相应的劳动报酬。尽管二者所代表的利益具有差异，但只要企业经营管理者善于站在员工的角度进行换位思考，充分考虑员工的切身利益，就能有效地调动员工的积极性和创造性；同样，如果员工能从企业长远发展的角度出发，真正将企业的长远发展与自己的命运联系起来，为企业献计献策，就能促进企业的繁荣兴旺。但是，如果经营管理层片面强调股东的利益最大化，员工片面关注自己当前的薪酬水平，则很容易激化双方之间的矛盾，破坏企业正常的生产经营秩序，导致既定的企业战略无法实施，企业无法持续、健康发展。

【案例】 美联航申请破产保护

2002年12月9日，美国第二大航空公司——美国联合航空公司（United Airlines），由于劳资双方关于减薪方案的谈判破裂，而得不到联邦政府的贷款担保，被迫申请破产保护。曾经高达100余美元一股的美联航股票，此时已经不足1美元，拥有8.3万名员工的公司市价尚不抵一架波音747飞机。

财务陷入风险，急需贷款支持

2001年9月11日，对美联航来说是一个刻骨铭心的日子。公司的两架客机被恐怖分子作为实施自杀性攻击的工具，撞向纽约世贸中心。

在"9·11"事件中，美联航的损失使之元气大伤，而恐怖袭击事件以后，美国经济的持续疲软以及航空需求的大幅下降，致使包括美联航在内的所有美国航空公司受到了巨大的冲击。再加上近些年来公司经营管理的不善，2001年美联航亏损额达到21亿美元；2002年前三季度，亏损额为17亿美元，而且并没有出现止亏的迹象。

美联航面临巨大的现金短缺，且在2002年12月2日有一笔3.75亿美元的债务到期，这笔债务只有10天的宽限期。为此，美联航急需银行的贷款支持。由于标准普尔已将美联航的长期公司债券评级下调至垃圾级，在这种状况下，如果没有联邦政府的担保，无法获得任何银行的贷款。

为了挽救公司的财务风险，美联航提出了在未来五年半之内削减52亿美元劳动成本的减薪方案，希望以此为条件向政府申请18亿美元额度的贷款担保。

贷款担保遭拒，申请破产保护

为推行减薪方案，美联航需要逐个与五个工会组织谈判。2002年11月30日，乘务员工会预感到大难当头，发表声明：在公司内67%的空乘人员参加，其中87%的人投票赞成的情况下，同意在今后五年半内削减4.12亿美元薪酬。飞行员工会和其他工会组织先前也就减薪方案达成临时协议。只有机械师工会还没有表态，如果机械师工会拒绝接受减薪方案，上述承诺均将于12月31日失效。

12月1日，美联航的管理层同机械师工会举行了非公开谈判，希望代表1.3万名机械师的工会同意其削减7亿美元酬劳的减薪方案，结果却遭到机械师工会的拒绝。机械师工会认为，每名员工都"权衡了重振美联航需付出的成本以及可获得的利益，认为早已做出了足够多的牺牲"。

12月4日下午，美国联邦政府下属的航空交通稳定委员会以2比1的投票结果否决了美联航的贷款担保申请，理由是"缺乏财务可靠度"。

在不得已的情况下，美联航申请破产保护。美联航寄希望

第五章
内部管理失控与风险管理

于援引《破产保护法》第十一条的内容，进行重组，以提高其业务能力，改善财务状况。按照该法的规定，企业破产分为清盘和重组两种，该法第十一条中对重组作出了有关规定。

根据该条款，债务人可以继续保持对资产的所有权，继续从事经营活动，有效期长达六年，从而保住工作岗位和资产。一旦破产重组申请得到破产法庭的批准，就有120天的保护期。在此期间，债务人可以继续营业，并提出重组方案，而银行不得催债。如果债主继续催债，不但拿不到钱，还会被处以一定数额的罚款；如果这种催债行为给债务人带来了损失，还需赔偿相应损失。120天后，债主可以继续催债，而债务人可以按新的方案继续经营并逐步还债，也可以申请解散清盘。1993年，美国大陆航空公司就成功地援引了《破产保护法》第十一条的规定，进行了重组，迅速扭亏为盈，一举成为全美第五大航空公司。

破产法庭批准了美联航提出的以下提案：照常支付员工薪水和福利；公司原有的"前程万里"特惠计划、"红地毯俱乐部"和其他客户服务项目依然有效；继续支付燃料供应商的货款；继续支付海外供应商的商品和服务款项；与其他航空公司的合作协议依然有效；继续履行对旅行社的承诺。除此之外，法庭还批准了美联航使用总额为8亿美元的破产保护融资。

员工大量持股，薪酬成本高昂

有分析家指出，美联航之所以发展到被迫申请破产保护的地步，重要原因之一在于员工持有公司55%的股份，在由11位董事组成的董事会中拥有2个席位，拥有对公司重大决策的否决权，并有直接参与挑选最高层管理人员的权利，使公司的劳动成本高踞行业榜首。

1994年7月，美联航遭遇了成本上升、市场份额下降等困难。为了渡过难关，公司实施了员工持股计划，即员工以总值将近50亿美元的调低工资、福利及其他条件作让步，换取了公司55%的股份，以代替传统的裁员、削减开支等做法。

通过实施员工持股计划，美联航希望员工与公司同舟共济，不计较短期薪酬上的得失，而将命运与公司的长期发展联系在一起。但由于具体制度存在设计缺陷，对工会组织的权利缺乏必要的制约条款，各工会组织，特别是飞行员工会发现：通过对公司的控制权，他们为自己提高薪酬，已经远远高于他们的持股所得。

2000年春天，飞行员工会再次要求加薪，而高级管理层则寄希望并购美国航空公司以获得廉价的劳动力。飞行员听到这一消息后愤然罢工，许多航班被迫取消。为赢得飞行员工会对并购的支持，高级管理层同意给飞行员加薪28%，比最初飞行员工会要求的幅度还要高。

2001年1月，工会选择的新CEO格瑞顿以与工会关系良好而著称，上任伊始就先给机械师增加了工资，却不能说服他们同意减免福利。2002年8月14日，格瑞顿首次向外界披露美联航即将申请破产保护，但他向政府提交的节支方案却只有5%的减薪幅度。

面对压力，工会于9月初推举出新CEO特尔顿，希望凭借他的谈判经验，在五个工会间寻求妥协方案，使美联航的支出结构满足航空交通稳定委员会的要求，以获得贷款担保，但因机械师工会的拒绝而未能如愿。

破产保护申请的获准，意味着工会的自动出局，以往员工凭资本发言的方式将被联邦法官的判决取代，破产法庭法官可

第五章
内部管理失控与风险管理

> 以采取更为严厉的劳动及各项成本削减措施。因此,裁员和减薪也就成了顺理成章的事。从2003年1月到2004年,美联航将把员工人数从8.3万人缩减为7.4万人。从2003年到2008年,公司必须每年削减员工工资24亿美元,以降低经营成本。

二、人力资源风险的预防

积极开展预防工作,是避免人力资源风险发生最有效的途径。人力资源风险的预防,可以从以下方面入手:

1. 开展人本管理

人本管理是与"以物为中心"的物本管理相对应的概念,它强调在企业管理中以人为中心,将人视为企业最重要的资源,倡导围绕调动企业员工的积极性、主动性和创造性开展一切管理活动,其核心是理解人、尊重人、激发人的热情,实现企业与员工共同发展的目标。在企业是什么、企业靠什么、企业为什么等基本问题上,始终贯穿着以人为本的思想,即企业即人(of the People)、企业靠人(by the People)、企业为人(for the People),因此,人本管理亦称为3P管理。

(1)企业即人。为了实现企业盈利的目的,首先必须对员工进行有效的组织和管理,实现对物质资源的配置和利用。如果企业缺乏一支精干高效、充满才干的员工队伍,再好的机器设备、再充裕的资金也很难创造好的效益,甚至还有可能会成为企业的累赘。"企业即人"的思想要求企业必须建立高度信任的文化,相信员工的能力,把员工的因素放在中心位置,时刻将开发员工的潜能放在主导地位。

(2)企业靠人。人本管理实现组织目标的主要方式是充分依靠和利

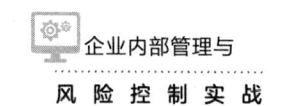

用组织的人力资本,调动人才的工作潜能。人本管理重视情感管理,运用行为科学,致力于改善人际关系,提高员工对企业的归属感;人本管理强调员工参与,全体员工既成为管理的客体,同时也成为管理的主体,鼓励全体员工通过各种途径为企业发展出谋划策,以提高企业的决策水平,强化员工执行决策的意愿和效率;人本管理提倡员工自主管理,管理层对员工充分授权,让每位员工都能享受权利、信息和知识,在自我控制下有效地完成工作任务,达到自我实现的目标。

(3)企业为人。员工应成为企业管理活动的服务对象,管理活动成功的标志不但要看股东的利益是否实现,还要看企业员工的个人目标是否实现。实行人本管理要求企业注重全面提高员工的工作质量和生活质量。

【案例】 惠普之道

1939年,在美国加州一间狭窄的车库里,两位年轻的发明家比尔·休利特和戴维·帕卡德怀着对未来技术发展的美好憧憬和发明创造的激情,开始了惠普的创业之路。2001年,惠普公司拥有8.8万名员工,分支机构遍及全球147个国家和地区,年营业收入达488亿美元,成为信息产业巨擘。如今,惠普公司拥有最全面的IT产品线,惠普打印机、服务器、个人电脑等产品均处于全球领先地位。

作为惠普公司创始人之一的比尔·休利特曾经说过:"这是由一种信念衍生出来的政策和行动,这种信念是——相信任何人都愿意努力地工作,并能创造性地工作,只要赋予他们适宜的环境,他们一定能成功。"而这正是著名的使惠普公司走向成功的"惠普之道"(HP Way)。

第五章
内部管理失控与风险管理

核心价值观

惠普之道有五个核心价值观，它们像是五个连体的孪生兄弟，谁也离不开谁。每个惠普人对这五个核心价值都了如指掌。

（1）信任并尊重个人。惠普吸纳那些能力超卓、个性迥异、富于创新的人加入进来，坚信只要给予员工适当的手段和支持，他们愿意努力工作并一定会做得很好。

（2）关注高层管理的成就和贡献。客户总是希望惠普的产品和服务具备最高水准，同时希望所获价值能持续长久。为满足客户这种要求，所有惠普人，尤其是经理人员必须率先积极热情、加倍努力地工作。今天仍在使用的技术和管理方法明天也许会落后过时。若想在竞争中立于不败之地，惠普人应时刻追求更新、更好的工作方式。

（3）坦诚相待，诚实经营。惠普人彼此坦诚相待，以赢得他人的信任和忠诚。做事情一定要非常正直，不可以欺骗客户，也不可以欺骗员工，不能做不道德的事。

（4）通过团队精神来实现共同目标。只有内部精诚合作，才能实现企业共同目标。公司通过建立一支遍布全球的团队，努力工作，去实现客户、股东及其他有关人士的目标。经营中的利益和责任，也由惠普人共同分享和承担。

（5）鼓励灵活性和创新精神。公司努力营造一个可容纳不同观点、鼓励创新的宽松的工作环境。允许个人在实现公司目标时，灵活采用自己最佳的工作方式。在技术发展异常迅猛的环境中，鼓励员工通过培训获得自我提高。

挑选钻石与惠普商学院

《财富》杂志曾对全美700多名企业经理、管理人员开展调查，给各企业实力评分，惠普获最佳企业的亚军。在吸引、留住和培训人才方面，惠普得分最高。

惠普公司每年都派出一批知人善任、有管理经验的技术管理干部，前往有名的高等学院，了解应届毕业生中的佼佼者，再由公司出路费，请他们到公司来，当面考评，优选慎聘。

中国惠普公司总裁孙振耀把招聘新员工比喻为"去挑选一件珍贵的物品"。以前很多新员工他都要亲自面谈，现在由于时间的关系，不可能每个新员工都要通过他这一关，但招聘经理级的员工，孙振耀肯定会亲自出马。

对于人才选聘，孙振耀有自己十分独到的见解："如果你要去买一件非常珍贵的东西，你会托付别人去买吗？比如说一个钻石，它会花去你一辈子的心血，你肯定会自己去挑选。"

惠普一直坚持这样的理论：在新招来的员工中，5年后，大概只有50%的人留下；10年以后，大概只有25%会留下。也就是说，10年前惠普招了4个人，5年以后就剩下2个人，10年后就剩下1个人。可是留下来的这个人，肯定已对惠普文化坚信不疑，行为举止也是惠普化的，这样的人肯定会对惠普做出很多有益的贡献。

为此，惠普公司十分重视员工的培训，经常选派工程师到高等院校去学习、深造，工资照发；鼓励青年技术人员参加各种半脱产学习，公司为他们支付学费，报销路费，甚至在住宿方面给予补贴；公司开展全员培训，每年举办上千个各种学习班。

2001年1月，中国惠普公司于成立了"惠普商学院"。商学院提供的课程分两部分，即惠普之道MBA系列课程和惠普经理人必修课程，具体包括：惠普的管理和企业文化、惠普公司的人力资源管理、跨国公司的市场营销战略、企业的财务控制、管

第五章

内部管理失控与风险管理

理流程、绩效管理等。

惠普商学院强调实际经验,所有课程都由中国惠普在职高层经理讲授,孙振耀亦亲自授课。这些经理在惠普工作多年,在各自的领域中积累了丰富的管理经验。

惠普对员工绩效的评估是360度多维度的评估,为员工提供全面而客观的反馈。通过收集同事、上级、下属等人员对员工的匿名反馈,洞察员工的能力,准确地评估个人的表现,最大限度地减少偏见,从而帮助企业挖掘人才,提高企业的核心竞争力。

走动式管理与敞开式办公

惠普公司创造了一种独特的走动式管理办法,鼓励经理深入基层,直接接触广大职工,经常参加茶话会、交流午餐及办公室走道里的交谈,能够出现在随意的讨论中。

惠普公司的办公室布局采用敞开式大房间,全体人员都在一间敞厅中办公,各部门之间只有矮屏分隔,除少量会议室、会客室外,各级经理都不设单独的办公室。惠普总裁办公室从来没有门。同时,惠普员工之间互相不称呼职衔,即使对董事长也直呼其名。这样,有利于上下左右通气,创造无拘无束和合作的气氛。惠普采取门户开放政策,谁都可以越级向上反映各种问题。

在敞开式办公的基础上,惠普公司提出了邻桌原则。公司鼓励每个员工在干自己工作的同时,看看邻桌的人正在干些什么,是不是遇到困难了,想想自己是不是有更好的办法能帮他们顺利解决难题。每个人都想突出自己,尤其希望通过施展才干去突出自己。惠普公司正是把握住员工的这个心理,把每个人的能动作用都充分发挥出来。

> 惠普公司有这样一个传统，就是设计师正在设计的东西，无一例外都摆在办公桌上，公司员工可以在任何时候对设计师的设计进行摆弄，甚至可以无所顾忌地对这些正在发明的东西"百般挑剔"。事实上，惠普公司的许多"拳头"产品正是凝聚了每一位员工的点滴汗水，才得以推入市场，获得成功的。
>
> 很多公司一旦发展壮大后，总裁就开始有很多的特殊待遇，比如说有自己的私人飞机，但惠普历任总裁却没有。

2．设计合理的薪酬体系

为了使员工真正关心企业的发展问题，在完善考核机制和适当提高员工的工资、奖金和福利水平的基础上，企业应积极探索新型的薪酬形式。对于经营管理层成员，应积极探索年薪制、养老金计划、员工持股计划、股票期权、管理层收购等新的薪酬方式。随着工业现代化的推进，不但会出现产品过剩，而且会出现资本过剩，对于许多企业来说，制约企业发展的主要因素不再是资金和生产能力，而是由知识积累所形成的创新能力。而知识，尤其是其中关键的隐性知识，又是附着在具体的人的头脑中的。关键知识的所有者对企业的重要性日益增加，但他们的流动性又很大。为了稳定这些拥有关键知识的所有者，员工持股计划、股票期权等方式也应该对技术型员工开放，或者让技术骨干以技术入股，通过将一部分股权让渡给技术人才，让他们参与剩余产品的分配。尤其是在高科技企业中，更应如此。

当然，在实施年薪制、养老金计划、员工持股计划、股票期权、管理层收购、技术入股等新型的薪酬形式的时候，需要花费较多的时间进行相关制度的设计，以免因设计上的缺陷而影响这些新型的薪酬形式的实施效果。前面章节中介绍的美联航的例子，就值得其他企业引以为戒。

第五章
内部管理失控与风险管理

3．倡导积极向上的企业文化

企业文化建设是企业提高员工的忠诚度和向心力的重要手段，通过创造良好的企业文化氛围，铸造员工共同的行为模式，培养积极向上的企业精神，有助于企业将员工个人目标与企业的组织目标相统一。尤其是在知识型员工比例不断增加的情况下，企业文化对实现员工"自我激励"、鼓励员工的创新潜力、培养员工的合作精神具有重要的作用。企业要重视文化建设，下工夫培育积极、健康、向上的共同价值观，形成良好的企业风气，并将这些价值观具体落实到企业制度层面上。为使企业文化落到实处，有必要导入企业形象系统，将企业文化细化为具体的理念识别、行为识别、视觉识别。

4．建立学习型组织

据统计，人类积累的知识占有史以来人类知识总和的90%，知识储备呈现出更新速度不断加快的趋势。为了使自身的素质可以适应市场变化需要，企业及其员工必须具备适应动态变化的学习能力，建立学习型组织。所谓学习型组织，就是通过不断学习来改革本身的组织，对于学习型组织而言，必须掌握五项修炼技能，即锻炼系统思考能力、追求自我超越、改善心智模式、建立共同愿景、开展团队学习。在知识经济兴起的大背景下，企业应努力在企业内部创造一种学习的氛围，充分利用企业内部网，强化知识在组织内的传播，利用有效的激励机制，调动员工不断学习的积极性，为员工参与各种形式的学习和培训创造有利的条件。

5．帮助员工开展职业生涯规划

职业生涯规划是指员工在将个人发展与组织发展相结合的条件下，基于个人特点、组织因素、社会环境等分析，制订有关自己一生中职业发展的战略设想与计划安排。企业积极帮助员工开展职业生涯规划，并为员工职业发展目标的实现提供条件，有助形成让企业和员工都满意的"双赢"局面。

具体而言，企业帮助员工开展职业生涯规划具有以下好处：第一，更好地实现企业组织目标与员工个人目标的结合。企业对员工职业生涯规划的指导与管理，将员工的职业发展纳入企业管理的范畴，等于是在企业与员工之间建立了融洽的"心理契约"。企业清楚每个员工的发展期望并予以满足，员工也为企业的发展做出全力奉献，因为他们相信企业能实现他们的希望。第二，提升企业的人力资源管理水平。通过参与员工职业生涯规划，可以使企业及时掌握员工的个性化特征和职业发展动向，有助于企业对员工提供个性化的培训、职务轮换、晋升等帮助或激励，达到事半功倍的目的。第三，减少企业人才的流失。职业生涯规划有助于满足员工自我实现的心理需求，在职业生涯规划中加以引导，可以使同企业目标一致的员工脱颖而出，为培养企业高层经营管理人员及高级技术人员，提供人才储备，提高员工的满足度。

企业帮助员工开展职业生涯规划的具体途径，包括：第一，编制明晰的职务说明书，为员工了解企业的职位、开展职业生涯规划确立基础；第二，通过开办职业生涯规划讲座、召开职业生涯规划座谈会乃至开展一对一咨询等方式，使员工掌握客观、科学的职业生涯规划手段；第三，设计并公布职业路径，使员工在规划自己的职业生涯时把握住基本脉络；第四，推行导师制，为新员工配备导师，发挥导师对新员工职业生涯规划的言传身教作用；第五，开展以职业发展为导向的绩效评估，确立员工规划职业生涯的依据；第六，组织员工职业发展培训，培训方式既可以是脱产培训、半脱产培训，也可以是在职培训，使员工跟上时代与企业发展的要求。

三、人力资源风险的处理

一旦发生人力资源风险，企业首先应明确风险的根源，才能制订有

第五章
内部管理失控与风险管理

效的处理措施。如果风险的根源在于管理中的失误造成股东与经营管理层之间或者经营管理层与员工之间的误解或冲突，则有必要改进管理方式与方法，对经营管理层或员工进行有效的安抚；如果风险的根源在于现行的人力资源政策设计不合理，则有必要变革现有的人力资源政策。人力资源风险的发生，可能造成企业人才的缺失，因此，企业还应迅速寻找合适的人才填补各种职位的空缺。

1．开展有效的安抚行动

人力资源风险的爆发，使平常隐藏在经营管理层成员或员工心目中的不满暴露无遗，企业应针对员工之所以产生不满情绪的主要原因，开展有效的安抚行动。对于薪酬待遇太低的问题，企业应考虑同一行业内其他企业的标准和企业自身的劳动效率，确定合理的薪酬水平；对于发展空间狭小的问题，企业应尽可能创造更多的培训、升迁、轮岗的机会；对于工作氛围压抑的问题，企业应建设健康、活泼的企业文化，创造良好的企业内部沟通渠道，努力协调企业内部的人际关系，丰富员工的业余生活。

尤其当企业陷入困境、被迫裁员减薪时，安抚措施的出台一定要特别慎重。否则，效果可能适得其反，导致企业的人力资源风险进一步恶化。例如，2000年，当英国电信公司面临经营困难时，管理层提出裁减3万人的政策，为安抚员工，管理层对自愿离职的员工开出了非常好的条件。最后令管理层大为烦恼的事情居然不是裁员而是留人，因为安抚措施不当，导致军心大乱，居然有多达4.5万的员工同时提出辞职，大大影响了公司的营运。

2．变革现行的人力资源政策

当原有的人力资源政策成为企业发展的障碍时，企业就必须考虑对现行的人力资源政策进行变革。在对现行的人力资源政策，包括考勤制度、

休假制度、考核制度、薪酬制度、升迁制度、培训制度等进行认真审查，针对人力资源风险中所暴露出来的问题，修订现行政策，或基于新出现的问题制订新政策，使人力资源政策更贴合员工的需要和企业发展的要求。

3．迅速填补职位空缺

人力资源风险发生之后，企业必须迅速寻找合适的人选填补职位的空缺，以免影响企业正常的生产经营活动。职位空缺的填补主要有两种途径：

其一，企业内部调配。企业可以提拔具有发展后劲的员工，进入空缺职位，这样，不但能确保空缺职位工作的连续性，而且能够激励表现突出的员工。企业也可以从人员较为充裕的部门或职位选调一部分员工，充实空缺职位。这种部门之间或职位之间的员工流动，对于员工而言可能需要跨越不同的专业领域，因此企业还需要考虑员工工作的适应性，对他们进行必要的培训。

其二，企业外部招聘。招聘新员工是弥补员工流失的重要措施。在招聘新员工时，应重点考察：求职者是否符合空缺职位的专业或技能要求？是否有较强的学习能力和培养潜力？是否有较高的道德素养？是否有敬业精神？是否善于沟通？是否有合作意识？是否具有较强的创新精神？

※ 技术创新风险管理

消费需求的多样化、个性化，为技术创新提供了强大的驱动力，而科学技术的迅猛发展，为技术创新创造了条件。与此相适应，新产品的开发周期大大缩短，产品更新换代的速度不断加快，新产品开发风险增大，在技术创新的过程中，如果企业忽视市场需求的新变化，在技术创新上停滞

第五章
内部管理失控与风险管理

不前或脱离实际，则很容易陷入技术创新风险，需要企业高度重视。

一、引发技术创新风险的主要原因

引发企业技术创新风险的原因多种多样，以下列出的是主要的一些原因：

1．将技术创新视为纯粹的费用支出

在一些企业中，高级管理层往往将技术创新看成是一种纯粹的费用支出，像压缩其他费用一样拼命压缩用于开发新产品的投入。事实上，新产品开发是一种投资活动，只要投资项目无误，投资过程管理到位，就能够提高新产品开发的产出，即新产品投产后所形成的利润远远高于新产品开发的投资，可确保企业的可持续发展。将技术创新视为纯粹的费用支出的错误看法，将导致技术创新投入严重不足。纵观全球企业，研发投入占销售收入1%的企业难以生存，占2%的企业仅能维持，占5%的企业才有较强的竞争力。因此，陷入技术创新风险的企业也就有迹可循。

2．将技术创新视为研发部门的事情

在许多企业高层管理者的心目中，普遍存在着这样一个误解：技术创新只是研发部门的职责，只有研发部门才对它关心。但是，仅仅靠研发部门根本无法确保新产品开发项目的竞争力。例如，如果没有市场营销部门提供的准确的消费者需求信息，新产品的开发将可能脱离顾客的需求；如果缺乏生产部门的参与，开发出来的新产品很有可能会因为生产成本过高而缺乏可行性；尤其是当新产品开发缺乏高层管理者的大力支持时，开发所需要的人力、物力、财力都无法得到保证。因此，技术创新应是整个企业的事情，否则，遭遇技术创新风险

只是早晚的事。

3. 忽视顾客需求的变化

随着卖方市场向买方市场的转变，消费者的需求日益呈现出多样化乃至个性化的倾向，对产品的质量、性能、价格等的要求越来越苛刻，使得产品的生命周期越来越短。如果企业漠视市场需求的这种变化，不注重对产品的更新换代，则必然落后于竞争对手，使得自己的市场份额迅速被竞争对手质量、性能更优越而价格却不变甚至更低的产品所侵蚀，最终被市场淘汰。

4. 追求技术至上主义

技术创新不只是技术上的突破，更重要的是要有商业价值，能够为市场所接受。有些企业非常重视新产品开发工作，新产品一经上市，就以为胜券在握。殊不知，技术上的先进性并不一定意味着经营上能够成功，一旦开发的新产品并不是市场所需要的产品，只注重技术创新而忽视市场因素，仍有可能造成技术创新风险。技术至上主义，是许多研发人员以及研发出身的企业高层管理成员常犯的错误。

例如，某企业投入1000多万元，花费数年时间，开发了一款使用特殊的热感纸张的打印机。该打印机的生产效率很高，具有高质量、高稳定性的特点。然而，由于特殊的纸张要求，令消费者对它望而却步，这款打印机的销售情况并不乐观。很快，企业下架了该产品。然而，已经售出的少量产品仍需企业在未来几年之内提供相应的售后服务支持，新产品开发代价非常高。最终，该技术创新项目以高额的亏损而告终。

5. 创新风险大

技术创新总是风险与机遇共存。尤其是面临较大的潜在市场机会时，企业需要进行大规模的技术创新投资，创新过程越长，风险越大。有些

第五章
内部管理失控与风险管理

大型的技术创新项目,需要投入数十亿美元的资金,花费数年乃至十数年的时间。此时,如果企业没有建立有效的风险分担机制,一旦投资失败,企业将面临着巨大的风险损失,甚至可能一蹶不振。

6．核心技术的丧失

核心技术的丧失,也会使企业陷入技术创新风险之中。导致核心技术丧失的原因包括:第一,科学技术的发展使得企业原有的核心技术变为一般技术。如20世纪80年代,苹果公司以用户界面友好作为其核心竞争力并获得了巨大的竞争优势。但是,随着软件产业和技术的发展,用户界面友好已经成为所有软件厂商参与竞争必备的基本能力。第二,由于核心技术没有申请专利或进行有效的保密,被竞争对手模仿、复制。第三,掌握核心技术的人才流失。第四,企业在对外剥离所经营的有关业务时,由于未认识到有关技术的重要性,而将它排除在企业核心资源的范围之外进行出售,特别是出售给自己的竞争对手或潜在竞争对手。

二、技术创新风险的管理对策

为了降低技术创新风险发生的概率,减少技术创新风险,降低对企业所造成的损失,企业有必要做好以下工作:

1．认识到技术创新是企业发展的驱动力

企业高层管理者首先应认识到技术创新的重要性,将技术创新视为企业最重要的业务流程之一。为了使技术创新工作在企业内顺利开展,企业高级管理层应直接推动企业技术发展,理解技术创新机制如何发挥功效,识别技术创新过程中可能存在的各种缺陷,通过改进技术创新提高企业的竞争力。为了使企业高层管理团队高效工作,一定要达成技术创新的共识,并形成共同的沟通语言。目前,国外知名企业研发投入都

很高。美国、日本企业的研发投入占销售收入的比例平均在3%左右，惠普为9%，IBM为5.8%，日立、富士通等都超过了10%。对于已经在新产品开发上远远落后于领先企业，甚至研发投入大大低于产业平均水平的企业而言，更应该提高认识，通过各种途径筹措新产品开发所需要的资金，加大技术创新投入，才能走出技术创新风险。

2．密切关注需求变化

市场机会是技术创新的发动机，技术革新为企业带来了新的机遇。只有密切关注市场需求的新动向，并围绕顾客需求开展新产品开发工作，才能确保新产品的商业成功。为了减少新产品开发的风险，在新产品概念形成以后，应该挑选一部分潜在顾客，对新产品概念进行问卷测试，了解他们的期望、看法和意见，以判断新产品概念是否具有吸引力，还有哪些需要改进的地方。在新产品的样品研制成功以后，为了防止新产品大规模上市可能存在的风险，可以选定少数几个有代表的地区对新产品进行试销。试销一旦获得好评，再大规模生产。如若不然，还需进一步改进新产品设计，或者停止新产品的开发工作。

3．建立技术创新联盟

建立技术创新联盟，是企业加快创新步伐、减少创新风险的有效举措。两个或两个以上独立市场主体各自拥有相对优势和不同的关键资源，而它们之间的市场又无尖锐矛盾，且彼此的市场存在一定程度的区隔的企业，为了各自的利益，建立技术创新联盟，共同进行有关产品或技术的开发，可以减少开发风险，加快开发速度，取得共同的市场优势，实现所有企业的共赢。企业也可以与高等院校、科研院所合作进行研究开发，共建技术中心，开展人员交流等，形成立足全社会的开放式科技成果转化机制，围绕主业及主导产品，提升自己的技术创新能力。

例如，美国的IBM与英特尔、日本的索尼与东芝、德国的西门子与

第五章
内部管理失控与风险管理

荷兰的飞利浦等都先后结盟，或互换技术，或共同研制开发新技术、新产品。为了与欧洲空中客车公司竞争，美国波音公司与日本三菱、富士、川崎重工等公司结成伙伴关系，共同出资40亿美元，开发波音777飞机。当世界上大多数国家达成协议，停止生产氟利昂之后，杜邦公司为了能够尽快找到氟利昂的替代产品，联合在相关领域具有超群能力的20多个组织，包括学术机构、私营公司等，发现了一种不常见的白色固体替代氟利昂，比杜邦公司约定的日期提前三年。

4．加强技术保护

企业要加强知识产权保护意识，对于能够申请专利的核心技术，可以通过法律手段避免竞争对手的模仿；不能申请专利的专有技术，要建立、健全保密制度，预防其泄密而为竞争对手所掌握。在对外剥离企业经营的业务时，要避免因不了解企业的核心技术，而误把它排除在企业核心资源范围之外将它出售。对科技人才建立有效的激励制度，设法吸引并留住科技人才。

随着互联网逐渐成为泛行要素，数字经济的竞争空间广度扩大，企业面临的竞争环境越来越复杂，竞争的对抗性也越来越强，竞争内容的变化越来越快，竞争优势的可保持性越来越低，市场竞争越来越明显地表现出动态竞争的特点。在动态竞争的条件下，技术创新可以为各竞争者开启新的竞争赛道，为行业带来新的发展机遇。固守原有技术领域，必然在竞争中落败。

※ 财务风险管理

一、财务风险的主要预警信号

财务风险管理是处理金融市场不确定性的过程，是一种特殊的管理

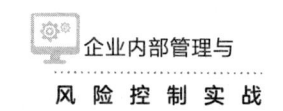

手段。通常而言，财务风险主要有以下一些预警信号，当出现这方面的苗头时，需要引起企业的高度重视。

1．利润持续下降或出现持续亏损

利润水平持续下降或者连续数年出现亏损，是企业陷入财务风险的强烈信号，需要高级管理团队立即采取行动，分析其原因：是竞争形势发生了变化，还是消费需求发生了转移？是企业内部管理成本迅速增加，还是产品价格一再下降？是整个宏观经济环境出现挑战，还是所在产业正在衰退？

2．负债水平居高不下

吸收一定比例的负债，可以使企业以较少的自有资产，掌握更大的资产规模，实现企业盈利目标的基本手段。但资产负债率并非越高越好，负债越多，表明企业财务风险越大。随着企业资产负债率的提高，在多变的市场环境中，其风险程度逐渐增加。如果企业的资产负债率远远超出产业内的平均水平或者企业的历史平均水平，则需要引起企业管理层的高度重视。

3．现金流紧张

企业现金流紧张，一般表现在很多方面：企业账户上的流动资金大量减少；应收账款与日俱增；许多到期的应付账款无法如期支付，拖欠员工工资等。导致现金流紧张的原因也可能多种多样：产品的市场需求萎缩；赊销产品的比重过大，账期过长，许多客户到期不清偿货款；成本控制失效，支出大为增加；新项目上马过多，并购步伐过快，导致资金投入过多，而现金回报尚有待时日；证券投资失误、汇率急剧变化等使企业蒙受巨额损失等。

第五章
内部管理失控与风险管理

二、财务风险的预防

财务风险的出现，往往给企业以致命性的打击，因此，做好预防工作非常重要。财务风险的预防，可以从以下一些方面着手：

1．加强对高层管理者的财务培训

高层管理者不熟悉财务，是许多企业陷入财务风险、走向衰败的重要原因之一。为此，应加强对企业高层管理团队的财务培训。国际上许多知名企业，都要求高层管理团队的成员熟悉并掌握企业财务知识，能够轻松阅读财务报表，以便他们作出周全的决策。

2．健全财务管理制度

健全的管理制度是预防财务风险的基础。这些制度包括投融资管理制度、预算管理制度、资产管理制度、现金管理制度、成本管理制度、担保管理制度、应收应付款管理制度、存货管理制度、财务机构及人员管理制度等。

3．加强财务监管

制度的执行需要有效的财政监管做保证，否则各项财务制度难以落在实处。企业应加强内部审计制度，尤其是集团公司要加强对各子公司、分公司的财务审计。同时，财务人员之间要注重合理的分工，形成相互监督的机制。涉及投资、并购、资产处理、融资等重大决策，需要形成有效制衡的集体决策机制，堵住财务管理中的各种漏洞。财务管理的信息化、智能化有助于提高财务处理和财务决策的效率，对于杜绝财务管理中的各种漏洞非常有帮助。

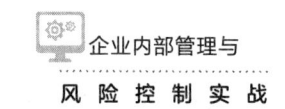

4．树立健康的发展观

企业高层管理团队应树立健康的企业发展观，使企业的发展建立在稳健、扎实的基础之上，讲求发展的质量，而不是盲目地追求发展的速度。尤其是在开展各种投资、并购活动之前，应切实做好详细的可行性分析，而不是靠拍脑瓜进行决策。

5．加强客户信用管理

客户信用不良，将导致企业货款难以收回，形成呆账或死账，拖垮企业。为此，企业必须加强客户信用管理，通过对客户的财务信息及非财务信息进行收集、分析，依据客户的偿债能力评定客户的信用水平，并依据不同的信用水平确定其信用额度，客户提供延期支付的产品或服务时，不能超过客户的信用额度。评定客户信用水平的依据包括：客户的注册资金、资产总额、流动资金、以往的信用记录、是否有担保等。

6．改善经营管理

许多财务风险的根源，在于落后的经营管理，如对市场形势判断失误、企业的市场营销工作不到位、缺乏对客户信用的有效管理、企业的投融资决策失误、企业中成本浪费严重、企业缺乏有效的监督机制等。因此，从根本上改进企业的基础管理，改进企业的经营工作，有助于企业避免财务风险。

【案例】 海信：稳健的财务管理

> "保守"的海信
>
> "从财务的观点看经营，从经营的观点看财务"，海信集团就是以这种辩证的财务管理思路，从最早一个小作坊式的收音机生产厂家，逐渐发展成为一个涉足电视、空调、计算机、移

第五章

内部管理失控与风险管理

动通讯、软件开发、网络设备等产品，在国内外拥有20多个子公司的电子信息企业集团。

在许多人的眼里，海信集团是一个保守型的企业集团。海信集团董事长兼首席执行官周厚健却十分倡导财务管理上的这种"保守"观念。对"保守"二字，海信的理解就是"稳步+健康"。用周厚健的话来说就是："企业不应求一时一事的高低，不应求大而做，而应求强而做，大的企业照样会死掉，而强的企业一定可以做大。海信在一任班子手里由小变大不算成功。若干年后，把一个健康的海信交到下一代人手里才是企业管理的真功夫。海信追求的是百年海信，百年品牌"。

周厚健认为，一个企业的财务运行状况，实际上是企业管理水平的数字化体现。财务系统是一个科学的管理系统，它最容易分析、比较，很容易发现企业中存在的问题。将财务与企业管理、市场割裂，会导致企业快速崩盘，韩国的大宇公司就是一个例子。大宇一度扩张得特别快，一个星期创办好几家企业，这种扩张是在脱离财务承受能力的情况下进行的，尽管金宇中是个经营奇才，大宇也发展得很快很大，但最终说垮就垮掉了。财务状况不好，一定能找到经营上的问题，只是企业没有去找而已。

正是看到了财务不健康是造成企业破产倒闭的重要原因之一，海信集团十分强调财务的"保守"，其实际是贯彻"要发展，更要健康"的发展思路。集团重视企业的发展，但更重视企业财务状况的健康。海信集团将财务健康的目标锁定为向国际先进企业看齐，按国际上企业只要无力偿还到期债务即倒闭的标准，牢牢地控制资产负债率，提高资金周转速度。

集团的财务中心充当了这个特殊的"警察"角色。每年在编制集团总体经营计划时，"保守"的财务思想得到了充分体现：

集团要求各子公司在作经营计划时，严格遵守"既突出效益又追求规模，保证在财务健康的条件下寻求更好的发展"的原则，防止子公司一味地追求冒进。

从1999年开始，海信集团的财务管理再加一圈紧箍咒。此前，由于膨胀速度过快，海信在管理、人才方面的滞后已初露端倪，而亚洲金融风险爆发，一些巨人企业顷刻倒闭也给海信带来了警示。海信下决心控制发展节奏，在"要市场还是要利润"的选择上，果断选择了后者。集团原则上不再搞非生产性投资，在现有生产能力还有发展空间的条件下，生产性投资基本停止，财务管理愈显"保守"。

在海信集团，有一个特殊的用人标准，即在选拔各子公司的一把手时，必须先考财务知识，不懂财务，经营上再有能力也不行。集团财务中心主任这一位子一直由周厚健亲自兼任，直到他发现一个比自己还"保守"的财务管理专家，他才主动让贤。他交给这个主任的任务只有一个：当好企业的"财务警察"，死死控制住企业的资产负债率，千方百计提高资金周转速度。

"保守"的财务管理使海信集团成为一个理性、稳健发展的企业。1993年，海信集团的年销售收入和企业净资产分别为5亿元和8900万元；2000年，分别达到134.7亿元和22.8亿元，实现利润近3亿元，而企业的资产负债率却从当年的百分之八十几降到百分之五十几。

据统计，世界上只有2%的企业能达到40年以上的寿命。海信集团正在实施稳健的财务管理，成就它的"做百年企业"之梦。

财务管理的制度基础

为保证集团经营活动的协调、健康运行，使集团稳健的财务管理具有组织保障，海信集团建立了以集团公司财务中心为

第五章
内部管理失控与风险管理

中心,以各子公司财务部及各车间部室财务室为网络的三级财务管理网络体系,由财务中心协调各级财务管理机构的职能,以发挥财务管理总体效能,适应集团经营跨度大、场地分散、管理层次多的特点。

集团公司财务中心是一级财务管理机构,其工作定位是:对子公司发挥监督、控制、顾问、银行的作用,为集团经营战略的实施提供服务。即以财务预算为依据,对子公司的财务进行监督和控制,实现财务预算、资金管理、财务分析、成本费用管理、资产管理、内部银行、各项政策研究以及会计核算等基本职能。

与这些职能相适应,集团公司还在财务中心设立了包括财务预算、资金管理、成本费用管理、资产税政管理、财务结算管理(内部银行)、会计核算内部审计在内的财务管理机构,它们之间相互联系,相互依托,从事对整个集团的财务管理并对子公司的会计核算工作进行规范。

子公司财务部是二级财务管理机构,重点是对子公司的生产经营活动进行监督、控制和评价,并及时、准确地向集团公司和所属子公司的经营管理者提供具体的财务信息。在职能设置上,摒弃一般企业重会计核算、轻财务管理的思想,要求主要企业一定要财务与会计分开,以发挥财务管理在企业管理中的核心作用,做到"算为管用,管算结合"。

各车间部室财务管理部门是三级财务管理机构,主要是为开展目标成本管理服务。因此,抓好成本核算的基础工作,准确核算产品的成本,向各子公司财务部门提供产品成本信息,促使目标成本的实现是其主要职能。

为确保财务管理工作能落实市场观念、效益观念、风险观念和法制观念,有序开展和进行,海信集团制订和完善了《财务预算管理办法》《财务负责人管理办法》《财务信息管理办法》《资产管理办法》《担保管理办法》《经营指标考核办法》《产成品管理办法》《应收账款管理办法》《资金收支管理办法》《中长期借款管理办法》《流动资金管理办法》《资产盘点管理办法》、《比价采购管理办法》《销售回款管理办法》《财务分析管理标准》《税收工作管理标准》等一系列规章制度。

值得一提的是，海信集团十分重视财务信息在这三级机构中的联结和纽带作用。专门制订了《财务信息管理办法》，规定了各级财务机构应在什么时间、由什么人、以什么格式、什么传递渠道、传递什么内容并承担什么责任来做好财务信息工作，以保证财务信息及时、准确、合理、有序的流动。

为强化对子公司财务管理的控制力度。集团采取了三项措施：

其一，由集团公司财务中心派驻子公司财务总监和财务负责人。

其二，优化财务人员的结构。以优厚的待遇从社会和高等院校招聘了大量理论和实践水平均较高的高素质人才，使财务人员的工作作风得到了根本性转变，强化了集团公司对子公司的财务控制力度。

其三，做好财务人员的继续培训工作。不仅依靠社会力量，邀请高等院校会计专家对财务人员进行培训，也依靠集团自身的力量，组织部分财务人员做兼职教师，对企业内部其他财务人员进行培训。

财务管理的触角渗透每个角落

海信集团的决策与管理，都密切结合财务状况。在集团整个考核系统中，财务指标占了总分的80%以上，而且考核结果

第五章
内部管理失控与风险管理

和子公司总经理的年薪，以及每个部门、每位员工每月的奖金挂钩，保证了财务考核指标的激励与约束作用。海信集团的考核到了近乎苛刻的地步，在对各子公司总经理的年薪制合同中规定：应收账款超过销售收入的5%，否决年薪；资产负债率超过集团对其规定，否决年薪；存货周转未达到规定的要求，也否决年薪。几年考核下来，曾有两个子公司总经理被免职。

海信集团将考核指标体系分为4类、11个考核指标，即收入类（包括销售收入、销售回款和出口收入3个指标）、利润类（包括利润总额和两项费用2个指标）、资金周转类（包括存货周转和收支比率2个指标）和应收账款（包括应收账款、预付账款和其他应收账款等4个指标）。对于这11个指标的考核范围，也作了具体的规定。财务指标的考核采用分值计算方法，对于不同的子公司，其财务考核指标在整个考核体系中所占的权重各不相同。

集团要求把各项财务指标分解到产品的每一个环节，从产品设计到销售，要求原材料占用资金的时间不超过15天，生产线对资金的占用不超过2天，成品占用资金不超过60天，资金周转率提高，资产负债率保持在合理的水平上。

三、财务风险的处理

企业一旦出现财务风险，应在迅速分析风险原因的基础上，妥善提出解决措施并迅速予以实施：

1. 开展专项的内部审计

风险发生之后，企业应针对所发生的风险，由相关的高层管理者负责，以企业内部的审计机构为主，成立专项审计小组，着手调查风险的相关情况。针对一些由于内部管理漏洞所出现的财务风险，最好利用外部的审计机构对相关情况进行审计，以便更好地了解事实真相，防止有关人员的徇私舞弊和故意干扰。

2．明确风险的原因及责任

在了解事实真相的基础上，审计小组确认风险的真正根源所在，并明确相关人员所应承担的责任。在讨论相关责任的时候，有关责任人应采取回避的态度，否则，必然影响工作的正常开展。在明确风险原因及相关人员责任的基础上，审计小组向企业高层管理团队提出相关建议。

3．提出并立即实施风险处理措施

结合审计小组的建议，企业根据风险发生的原因，提出风险处理的具体措施。对于较有发展潜力的投资或并购项目所引发的财务风险，企业应致力于说服相关股东进行增资扩股；对于市场需求潜力较大，但销售业绩不理想的产品，改进市场营销组合策略，提高销售业绩；出台一系列的成本削减计划及政策，努力压缩成本空间；立即派专人前往拖欠货款的单位催款，必要的时候，诉诸法律解决欠款问题；对于盈利能力差、市场前景暗淡的产品线或产品项目，企业应采取撤退策略，出售或关闭其生产线；取得银行或有关政府部门的支持，帮助企业化解资金紧缺的风险。风险处理措施一旦确定，应迅速予以实施。对于相关的责任人，尤其是利用财务管理的漏洞徇私舞弊者，一定要分清责任，严肃处理。